世界武器鉴赏系列

步枪与机枪

鉴赏指南 （珍藏版）

（第2版）

《深度军事》编委会　编著

清华大学出版社

北京

内 容 简 介

本书精心选取了各国的经典步枪与机枪，涵盖了早期步枪、突击步枪、狙击步枪以及重机枪、轻机枪、通用机枪等不同种类的近百种枪械。为了增强阅读趣味性，并帮助读者更深刻地了解步枪与机枪，本书每种枪械的介绍都设计了包括研发历史、枪体构造、性能解析、衍生型号、服役记录和10秒速识等多个板块，并详细罗列了各项参数。

本书内容翔实，结构严谨、分析讲解透彻，而且图片精美丰富，适合广大军事爱好者阅读和收藏，也可以作为青少年的科普读物。

图书在版编目(CIP)数据

步枪与机枪鉴赏指南(珍藏版)/《深度军事》编委会编著. —2版. —北京：清华大学出版社，2018 (2024.11重印)

(世界武器鉴赏系列)

ISBN 978-7-302-50955-4

Ⅰ.①步… Ⅱ.①深… Ⅲ.①步枪—世界—指南②机枪—世界—指南 Ⅳ.①E922.1-62

中国版本图书馆CIP数据核字(2018)第185386号

责任编辑：李玉萍
封面设计：郑国强
责任校对：张术强
责任印制：宋　林

出版发行：清华大学出版社
网　　址：https://www.tup.com.cn，https://www.wqxuetang.com
地　　址：北京清华大学学研大厦A座　　邮　　编：100084
社 总 机：010-83470000　　邮　　购：010-62786544
投稿与读者服务：010-62776969，c-service@tup.tsinghua.edu.cn
质量反馈：010-62772015，zhiliang@tup.tsinghua.edu.cn

印　装　者：涿州汇美亿浓印刷有限公司
经　　销：全国新华书店
开　　本：146mm×210mm　　　　　　印　　张：10.75
版　　次：2017年1月第1版　2018年9月第2版　　印　　次：2024年11月第9次印刷
定　　价：49.80元

产品编号：076685-01

丛书序
FOREWORD

　　国无防不立，民无防不安。一个国家、一个民族，最重要的两件大事就是发展和安全。国防是人类社会发展与安全需要的产物，是关系到国家和民族生死存亡的根本大计。军事图书作为学习军事知识、了解世界各国军事实力的绝佳途径，对提高国民的国防观念、加强青少年的军事素养有着重要意义。

　　与其他军事强国相比，我国的军事图书在写作和制作水平上还存在许多不足。以全球权威军事刊物《简氏防务周刊》（英国）为例，其信息分析在西方媒体和政府中一直被视为权威，其数据库广泛被各国政府和情报机构购买。而由于种种原因，我国的军事图书在专业性、全面性和影响力等方面都还有明显不足。

　　为了给军事爱好者提供一套全面而专业的武器参考资料，并为广大青少年提供一套有趣、易懂的军事入门级读物，我们精心推出了"世界武器鉴赏系列"图书，内容涵盖现代飞机、现代战机、早期战机、现代舰船、单兵武器、特战装备、世界名枪、世界手枪、美国海军武器、二战尖端武器、坦克与装甲车等。

　　本系列图书由国内资深军事研究团队编写，力求内容的全面性、专业性和趣味性。我们在吸收国外同类图书优点的同时，还加入了一些独特的表现手法，努力做到化繁为简、图文并茂，以符合国内读者的阅读习惯。

本系列图书内容丰富、结构合理，在带领读者熟悉武器历史的同时，还可以提纲挈领地了解各种武器的作战性能。在武器的相关参数上，我们参考了武器制造商官方网站的公开数据，以及国外的权威军事文档，做到有理有据。每本图书都有大量的精美图片，配合别出心裁的排版，具备较高的欣赏和收藏价值。

前言
PREFACE

　　自 13 世纪出现射击火器后，经过约 600 年的发展，枪械的研制基本趋于完善。早在 19 世纪爆发的各场战争中，枪械的出现甚至彻底颠覆了原来利用冷兵器的战争模式，其中步枪与机枪凭借其独特的作战使命，成为战争中必不可少的近战武器之一。

　　步枪是步兵的基本武器装备，主要作用是以其火力、枪刺和枪托杀伤敌方有生目标。因此，在近战中，解决战斗的最后阶段，步枪往往起着重要的作用。随着步枪的不断改进和发展，特别是它已经显示了的优越性：结构简单、质量轻、使用和携带方便以及适于大量生产、大量装备等，使得步枪即使在未来的高技术战争中，仍将成为军队中最普遍使用的近战武器。虽然机枪的诞生比步枪要晚，但是历史学家认为，机枪是过去一百年间最重要的技术之一。为了满足连续射击的稳定性需要，机枪以扫射为主要攻击方式，透过绵密弹雨杀伤对方有生力量（步兵、骑兵）、无装甲车辆或轻装甲车辆以及飞机、船艇等兵器。机枪的出现对人类发动战争的方式造成了深远影响。步枪和机枪的外观区别很大，威力、用途和火力持续性也均有所不同。

　　本书精心选取了自二战至今各国的经典步枪与机枪，涵盖了早期步枪、突击步枪、狙击步枪以及重机枪、轻机枪、通用机枪等不同种类的近百种枪支。为了增强阅读趣味性，并帮助读者更深刻地了解步枪与机枪，本书每种枪支的介绍都设计了包括研发历史、枪体构造、性能解析、衍生型号、服役记录和 10 秒速识等多个板块，并详细罗列了各项参数。

本书紧扣军事专业知识，不仅带领读者熟悉武器历史，而且可以了解武器的作战性能，特别适合作为广大军事爱好者的参考资料和青少年的入门读物。全书共分为 7 章，涉及内容全面合理，并配有丰富而精美的图片。

本书是真正面向军事爱好者的基础图书。全书由资深军事团队编写，力求内容的全面性、趣味性和观赏性。全书内容丰富、结构合理，关于武器的相关参数还参考了制造商官方网站的公开数据，以及国外的权威军事文档。

本书由《深度军事》编委会创作，参与本书编写的人员有杨淼淼、阳晓瑜、陈利华、高丽秋、龚川、何海涛、贺强、胡姝婷、黄启华、黎安芝、黎琪、黎绍文、卢刚、罗于华等。对于广大资深军事爱好者，以及有意掌握国防军事知识的青少年，本书不失为最有价值的科普读物。希望读者朋友们能够通过阅读本书循序渐进地提高自己的军事素养。

本书赠送的图片及其他资源均以二维码形式提供，读者可以使用手机扫描下面的二维码下载并观看。

目 录
CONTENTS

第1章
步枪与机枪
漫谈

　　步枪属于单兵常备武器之一，是一种通过肩射的长管枪械。步枪的用途广泛，主要用于发射枪弹，杀伤暴露的有生目标，也可用刺刀、枪托格斗，有的还可以发射枪榴弹。而机枪则是一种为了满足连续发射的稳定需要而研发出的一种武器，以扫射为主要攻击方式，透过密集的子弹杀伤对方有生力量、无装甲车辆或轻装甲车辆以及飞机、船艇等武器。

步枪与机枪的发展历程

步枪

中国南宋时期出现的竹管突火枪是世界上最早的管形射击火器，是步枪的雏形。随后，又出现了金属管形射击武器——火铳。15世纪初，欧洲开始出现最原始的步枪，即火绳枪。到了16世纪，由于点火装置的改进发展，火绳枪又被燧发枪取代。16世纪至18世纪，限于当时的技术条件，步枪都是前装枪，使用起来较为麻烦。

元代出现的火铳

1825年，法国军官德尔文对螺旋形线膛枪作了改进，设计了一种枪管尾部带药室的步枪，并一改过去长期使用的球形弹丸，发明了长圆形弹丸。德尔文的发明对后来步枪和枪弹的发展具有重大影响，明显提高了射击精度和射程，所以恩格斯称德尔文被称为"现代步枪之父"。19世纪40年代，德国研制成功了德莱赛击针后装枪，这是最早的机柄式步枪。这种枪的弹药即开始从枪管的后端装入并用击针发火，因此比以前的枪射速快4～5倍。但步枪的口径仍保持在15～18毫米。到了60年代，大多数军队使用的步枪口径已经减小到11毫米。19世纪80年代，由于无烟火药在枪弹上的应用，以及加工技术的发展，步枪的口径大幅度减小，一般为6.5～8毫米，弹头的初速和密度也有提高和增加。因此步枪的射程和精度得到了提高。德国的毛瑟步枪就是当时的代表之作。

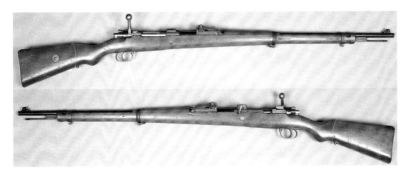

毛瑟 Gew 98 步枪

第一次世界大战（以下简称"一战"）后，许多国家加紧了对步枪自动装填的研制，先后出现了苏联的西蒙诺夫、法国的 1918 式、德国的伯格曼等半自动步枪。至第二次世界大战（以下简称"二战"）后期，各国出现的自动装填步枪性能更加优良；而中间型威力枪弹的出现，则导致了射速较高、枪身较短和质量较小的全自动步枪的研制成功，这种步枪被称为突击步枪。

二战后，针对枪型不一、弹种复杂所带来的作战、后勤供应和维修上的困难，各国不约而同地把武器系列化和弹药通用化作为轻武器发展的方向，并于 20 世纪 50 年代基本完成了战后第一代步枪的换装。

至 21 世纪，由于科学技术的迅速发展，逐渐出现了一些性能和作用独特的步枪，如无壳弹步枪、液体发射药步枪、箭弹步枪、未来先进战斗步枪等，为步枪的发展开辟了新的途径。

法国 FAMAS 突击步枪

机枪

历史学家认为，机枪是过去一百年间最重要的技术之一。两次世界大战以及之后的战争大多残酷无情，除了其他各种因素，机枪的作用同样不容小觑。有了这种武器，每名士兵每分钟可以射出几百发弹头，短短几个回合就能消灭一个排。为了抵挡这种弹幕射击，军队甚至不得不研制出坦克之类的重型作战装备。仅这一种武器就对人类发动战争的方式造成了深远影响。

1851 年，比利时工程师加特林设计了世界上第一挺机枪，该枪在1870 年、1871 年的普法战争中使用过。

加特林机枪

19 世纪 80 年代，居于美国的海勒姆·马克沁发明全自动机枪。1882年，赴英国考察时，马克沁发现士兵射击时常因老式步枪的后坐力，肩膀被撞得瘀青。这现象表示了枪的后坐力能量不小，而这个能量来自枪弹发射时产生的火药气体，马克沁认为可以加以利用。马克沁首先在一支老式的温彻斯特步枪上进行改装试验，利用射击时子弹喷发的火药气体使枪完成开锁、退壳、送弹、重新闭锁等一系列动作，实现子弹的自动连续射击，并减轻了枪的后坐力。马克沁在 1883 年成功研制出世界上第一支自动步枪。后来，他根据此步枪得来的经验，进一步发展和完善了他的枪管短后坐自动射击原理。为了连续供弹，他制作了一条长达 6 米的帆布弹链。马克沁在 1884 年制造出了世界上第一支能够自动连续射击的机枪，同年取得应用此原理的机枪专利。

马克沁机枪

马克沁当着德国皇帝的面表演其改进的 MG08 马克沁机枪，德皇对机枪非常赞赏，马克沁获得了相当数量的订单。之后德国成了一战前军队装备马克沁机枪最多的国家。德军大量装备了马克沁机枪后，在索姆河战役中，当英法联军冲向德军阵地时，被德军数百挺的机枪扫射，英法联军一天中伤亡了近 6 万人，举世震惊，当时世人认为马克沁机枪的出现是人类前所未有的灾难。此役之后，马克沁机枪被各国所重视，欧美列强的军队都纷纷装备了马克沁机枪及其衍生型。自此机枪就大量进入了人类的战场，一直到现在。

俄罗斯的 PKM 通用机枪

步枪与机枪的分类

步枪

早期步枪

　　手动步枪是最古老的一种传统兵器，自 13 世纪出现射击火器后，经过约 600 年的发展，基本趋于完善。这种步枪一般为单发装填。半自动步枪是能够自动完成退壳和送弹的一种单发步枪，它是 19 世纪初开始研制、并在两次大战中广泛应用和发展的一种步枪，其战斗射速一般为 35 ～ 40 发 / 分，扣动一次扳机只能发射一发子弹。二战爆发后，各国开始加紧对自动步枪的研制，由于原先设计意在通用性 (不在人体工学)，所以弹药为制式的全火力步枪弹，导致连射时较难控制。早期的自动步枪主要被用作半自动射击，曾短期流行于各国军队，直到突击步枪的兴起才逐渐被淘汰。

M1"加兰德"步枪

突击步枪

　　突击步枪作为现代枪械中的一个种类，是由德国著名的轻武器设计师雨果·施迈瑟创造的，其研制始于 1914—1918 年的一战期间，至今已有百年历史。突击步枪是主要为中近距离战斗着想而设计的使用可拆卸弹匣供弹、发射中间型威力枪弹的远射步枪。突击步枪已经是现代军队的标准制式武器，取代了早期的自动步枪和半自动步枪的地位。突击步枪是现在主要的单兵武器，而且服役数量极大，因此它需要可靠的性能，如苏联卡拉什尼科夫设计的 AK–47 突击步枪，它的结构简单、分解容易、枪机动作可靠，而且操作简易。

AK-47 突击步枪

狙击步枪

狙击步枪通常是指准确度与射程比一般步枪更高更远的精密型步枪。根据军方定义，其部署以战术为主，但是能够发生战略性效用。最初的狙击步枪并非专门制造，而是在普通步枪中挑选精度相对较高的作为狙击枪使用，并且最早的狙击步枪没有光学和其他辅助瞄准器具。狙击步枪的结构与普通步枪基本一致，区别在于狙击步枪多装有精确瞄准用的瞄准镜；枪管经过特别加工，精度非常高；射击时多以半自动方式或手动单发射击。

巴雷特 M82 狙击步枪

瞄准镜提供的视野

机枪

重机枪

重机枪原本是指那些在一战中发射枪弹，拥有紧密的支架结构以及拥有水冷设备的重型支撑型防御武器。现代定义的重机枪的始祖是由约翰·摩西·勃朗宁制造的 M2 勃朗宁重机枪，这类机枪在破坏力和移动能力上比老式重机枪有了提高，并且被装备在车辆载具、飞机、建筑物和轻型工事内。M2 重机枪是美军现役中服役时间最长的武器，并且该型机枪还在世界各国的军队中使用。重机枪中的"重"字是来体现重机枪的威力和控制范围。在军事术语上，重机枪是指那些大口径机枪。

M2 重机枪

轻机枪

轻机枪由 19 世纪末和 20 世纪初的重管自动步枪发展而来，主要是因为早期的自动步枪使用当时手动步枪相同的弹药，并且有厚重和较长的枪管，适合高精度和较长时间的连射。轻机枪虽然可以单人携带，但在一战中证明该枪只适合支援持冲锋枪或霰弹枪的队友突击，而且早期的自动步枪外形不符合人体工学和无枪口制退器，所以也不适合作直接突击，于是被安装上两脚架专责进攻支援或负责阵地防卫的任务。由于轻机枪一般装备到步兵分队或步兵班，有些国家军队定位为班用机枪。

M249 轻机枪

通用机枪

通用机枪又称为轻重两用机枪，是一种是可由单人携带、气冷设计、弹链供弹、可快速更换枪管、附有两脚架也可安装在三脚架上或车辆上的中型机枪。作为步兵的重要武器装备，通用机枪一直为大多数国家以轻机枪状态装备使用，枪架作为附件编配。它既具有重机枪射程远、威力大，连续射击时间长的优势，又兼备携带方便、使用灵活，紧随步兵实施行进间火力支援的优点的一种机枪，是机枪家族中的后起之秀。通用机枪作轻机枪用途时使用自带的折叠两脚架，作重机枪用途时则安装在可折叠三脚架上，或使用车载射架安装在车辆上。从20世纪50年代起，各国普遍用通用机枪取代了轻机枪与重机枪。如今，轻重两用机枪已经基本取代了重机枪。

世界上第一挺通用机枪，MG-34 机枪

第2章
早期步枪

步枪是步兵单人使用的基本武器，不同类型的步枪可以执行不同的战术使命。早期步枪一般为手动步枪与半自动步枪，是一种传统兵器。手动步枪一般为单发装填，而半自动步枪是能够自动完成退壳和送弹的一种单发步枪。二战后期，自动步枪开始陆续出现在战场上，曾短期流行于各国军队。

美国 M1903 春田手动步枪

M1903 春田步枪是一种旋转后拉式枪机弹仓式手动步枪，由春田兵工厂生产，是美军在一战及二战的制式步枪。

研发历史

M1903 步枪是由春田兵工厂研制的，旋转后拉式枪机的设计源自毛瑟步枪，经德国毛瑟厂的特许生产。1903 年，M1903 春田步枪被定为美军制式步枪。除了春田兵工厂还指定岩岛兵工厂作为生产厂商。1938 年，取代 M1903 春田步

基本参数	
口径	7.62 毫米
空枪重量	3.94 千克
全长	1097 毫米
枪管长	610 毫米
枪口初速	823～853 米／秒
有效射程	550 米
弹容量	5 发

枪的半自动 M1 "加兰德"步枪由于产量不足，因此 M1903 春田步枪仍然是美国军队装备的主要步枪。

在二战中，因为美国参战时没有足够的 M1 步枪装备所有部队。美国军队仍然大量装备 M1903 步枪作为补充。由于春田兵工厂主要负责生产 M1 "加兰德"步枪，1941 年雷明顿公司被指定开始批量生产 M1903 步枪，使用从岩岛兵工厂封存的旧生产模具，为了简化生产工艺与以往很大不同。后来史密斯 – 科罗纳公司也获得生产合同。至 1944 年停产时共生产了1385629 支 M1903 步枪，早期的 M1903 春田步枪还配有杆式刺刀，后改用了匕首形刺刀。

服役于美军的 M1903 步枪

枪体构造

M1903 春田步枪由容量 5 发子弹的弹仓供弹，使用 5 发分离式弹夹从机匣顶部的抛壳口一次性压入弹仓。M1903 春田步枪有个独特的单发供弹装置（弹夹阻断器），在弹仓供弹截断状态下，每打一发子弹就需从抛壳孔装一发子弹，以保持弹仓内弹药量充足，在通常使用状态下，由弹仓供弹可快速射击。

M1903 春田步枪后方特写

性能解析

M1903 春田步枪远距离射击时精确性相较于同时期的步枪来说要高，二战中，部分 M1903 春田步枪还被改装成狙击步枪，加装了光学瞄准镜，在精度上更具优势。

M1903 春田步枪局部特写

衍生型号

型　号	特　点
M1903（1903年）	装有原装S形枪托，照门是滑动斜板式瞄准具
M1903（1905年）	改用M1905匕首形刺刀，改装一种可收放标尺的瞄准具
M1903（1906年）	发射新型M1906.30-06步枪子弹
M1903 Mk I（约1918年）	使用本得森供弹装置
M1903A1（1930年）	装有手枪形握把的直型C形枪托
M1903A2	以A1或A3改装的版本，装备炮兵部队，装于火炮身管上面，作瞄准与射击训练用
M1903A3（1942年）	使用冲压加工金属部件及后期型枪托
M1903A4（1942年）	装有高精度枪管、改良型枪托、M73或M73B1 2.5倍瞄准镜

服役记录

　　二战期间，法国军队由美国援助大量装备M1903春田步枪。M1903春田步枪成为美军制式装备100年后，仍然在美国军队中少量出现，供训练与检阅使用，美军仪仗用枪将枪身金属部件镀铬处理，配白色背带。

10秒速识

　　M1903春田步枪相较于毛瑟缩Gew 98步枪缩短了枪管长度，其拉机柄为向下弯曲。

M1903 春田步枪正反面特写

美国春田 M1A 半自动步枪

春田 M1A 是一支由美国春田兵工厂自 1974 年创立以后设计、生产、推出和改进的半自动步枪，是 M14 自动步枪的半自动民用型版本。

研发历史

早期的 M1A 步枪是由军队的剩余军需用品的零件生产，直到后来春田公司开始生产自己的零件以生产新的 M1A 步枪。自 1971 年以来，大部分的 M1A 步枪都是为了商业市场而生产，因此大多数都只能够半自动射击。

基本参数	
口径	7.62 毫米
空枪重量	4.22 千克
全长	1125.98 毫米
枪管长	558.8 毫米
枪口初速	850 米／秒
有效射程	800 米
弹容量	5/10/20/100 发

迷彩涂装的 M1A 半自动步枪

枪体构造

由于春田公司生产的 M1A 是 M14 自动步枪的半自动民用型版本，因此 M1A 的大部分设计与 M14 自动步枪是相同的。标准型 M1A 采用 M14 自动步枪的 4 条 1：12 右旋膛线，枪管镀铬，瞄准具、扳机组等零件也都采用 USGI M14 标准，只是没有全自动射击的能力。除了标准型 M1A，春田公司还生产了多种衍生型。有少数的 M1A 步枪被改造为全自动型并由尼尔史密斯、岩岛兵工厂向美国烟酒枪炮及爆裂物管理局 (Bureau of Alcohol, Tobacco, Firearms and Explosives， ATF) 登记及归类为第二类枪械。这些机匣可以选择发射模式的步枪装有选射锁耳、操作杆导槽以便使用连接器组装一起。

M1A 步枪左侧方特写

M1A 步枪前侧方特写

衍生型号

型 号	特 点
装填型	可以使用任何一种核桃木质枪托或合成枪托
比赛型	较基本的型号，超级比赛型是在某些型号上装上一些比赛等级的附加功能
侦察班型	向执法机关用户销售的短枪管型 M1A 步枪
SOCOM 型	它装有一根 406.4 毫米的枪管，新增新型的枪口补偿装置

SOCOM 型步枪

服役记录

有少数的 M1A 步枪被改造为全自动型并且由尼尔史密斯 (Neal Smith)、岩岛兵工厂 (亦由里斯家族所拥有) 向美国烟酒枪炮及爆裂物管理局登记及归类为第二类枪械。由于其稀缺以及事实上民用市场方面已经不可以再生产任何全新的 M1A 步枪，它们的市场价值已经超过 1 万美元。

M1A 步枪后侧方特写

10 秒速识

春田 M1A 半自动步枪有两种类型的枪托，黑色玻璃纤维带橡胶托底板 (MA9102) 或美国胡桃木带原军用型的托底板 (MA9102)。M1A 的机匣是由 AISI 8620 型低碳合金钢所制造。

M1A 半自动步枪局部特写

美国 M1 "加兰德" 半自动步枪

M1 "加兰德" (Garand) 是世界上第一种大量服役的半自动步枪，也是二战中最著名的步枪之一。

研发历史

1920 年，约翰·坎特厄斯·加兰德在春田兵工厂开始设计半自动步枪。1929 年样枪送交阿伯丁试验场参加美国军方新式步枪选型试验，通过对比试验，1932 年加兰德设计的自动装填步枪

基本参数	
口径	7.62 毫米
空枪重量	4.37 千克
全长	1100 毫米
枪管长	610 毫米
枪口初速	853 米／秒
有效射程	457 米
弹容量	8 发

被选中。其间，美国军械委员会指令更改样枪的口径为 7 毫米，入选后又因会导致后勤混乱的理由遭到军方否决，又被要求改用 7.62 毫米口径。经过进一步改进，1936 年正式定型命名为 United States Rifle, Caliber .30, M1(简称为 M1 步枪)，习惯加上设计师姓氏而被称为 "M1 加兰德" (M1 Garand)，在 1937 年投产，成为美国军队制式步枪，用以取代美国陆军的 M1903 春田步枪。M1 "加兰德" 步枪是枪械历史上第一种大量生产进入现役的半自动步枪。

M1 步枪局部特写

枪体构造

M1 "加兰德"步枪闭锁式枪机的两片前向推杆位于该枪后膛之后，扭转后可与枪机凹槽相容。枪机可直接从凹槽拆开，使枪支易于分解和清洁。M1 的枪机很重，但它并没承受很大的应力，而且额外的重量也使本枪在发生弹壳破裂等类似的危险时，能提供一定程度的保护作用。

M1 "加兰德"步枪采用导气式工作原理，枪机则使用回转闭锁方式。可借由简单的导向凸轮沿导槽运动来转动。推动拉柄位于枪管底下前后运动的复进杆，使其从气体汽缸中退出并和复进簧衔接。当复进杆后退至后膛部分时，其会向右上方偏，从木质护手中冒出并和枪机拉柄碰撞。子弹击发后，部分火药气体由枪管下方靠近末端处一导气孔进入导气管内，推动枪机回转实现解锁，后坐过程中完成抛弹壳动作同时形成待击状态，复进过程中完成子弹上膛以及枪机闭锁。相对于同时代的旋转后拉式枪机（手动进行单发装填动作），射击速度大为提高。

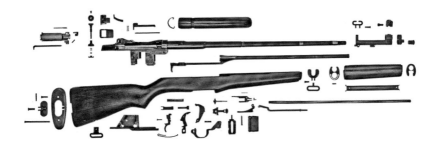

M1 "加兰德"半自动步枪分解图

性能解析

与同时代的手动后拉枪机式步枪相比，M1 "加兰德"的射击速度有了质的提升，并有着不错的射击精度，在战场上可以起到很好的压制作用。此外，该枪可靠性高，经久耐用，易于分解和清洁，在丛林、岛屿和沙漠等战场上都有出色的表现，被公认为二战中最好的步枪之一。

M1 "加兰德" 半自动步枪多角度特写

衍生型号

型　号	特　点
M1E1	改变活塞连杆的角度
M1E2	加装瞄准镜
M1E3	枪机导向凸轮上增加滚柱
M1E4	导气系统增加气体自动关闭功能及加长了枪机开锁前的自由行程
M1E5	加装折叠枪托
M1E6	狙击型
M1E7／M1C	加装 M81 瞄准镜的狙击型
M1E8／M1D	加装 M82 瞄准镜的狙击型
M1E9	类似 M1E4，装有活塞分隔器
M1E10	杨曼式直接导气系统的版本
M1E11	短击推杆导气系统
M1E12	导气式枪机
M1E13	怀特式 (White) 扩大导气系统
M1E14	改为使用 7.62×51 毫米 (T65) 口径子弹及按压嵌入式弹膛

M1"加兰德"半自动步枪后侧方视角

服役记录

M1"加兰德"步枪投产之后最初生产和装备军队的速度都十分缓慢，随着美国于 1941 年加入二战，"加兰德"步枪产量猛增，它被证明是一种可靠、耐用和有效的步枪。美国著名将军乔治·巴顿评价它是"曾经出现过的最了不起的战斗武器"。

M1"加兰德"步枪是二战中美国军队的主要步兵武器。一直到 1957 年，M14 自动步枪列装后，M1"加兰德"步枪才退出现役。作为替代的 M14 自动步枪还保留了很多 M1 步枪的特色。M1"加兰德"也是很多国家的军队装备，直至今天仍可发现 M1 的踪影。

M1"加兰德"步枪

10 秒速识

M1"加兰德"步枪木质枪托护木延伸至枪管中心，有一木质护手掩盖在枪管上。该枪枪机较短，而照门就在其上方。

M1 "加兰德" 步枪及步枪子弹

美国雷明顿 Nylon 66 半自动步枪

雷明顿 Nylon 66(Remington Nylon 66) 是由美国雷明顿公司研制及生产的半自动步枪，发射 .22 LR 子弹。

基本参数	
口径	5.59 毫米
空枪重量	1.8 千克
全长	980 毫米
枪管长	500 毫米
弹容量	14 发

研发历史

1950 年，雷明顿公司计划设计一种生产成本更低的步枪。经过分析以后，工程师断确定可在生产步枪的机匣和枪托中发现节省成本的方法。因此，雷明顿公司询问杜邦公司的化学工程师提供一种塑料，用以取代木质的枪托和机匣。给杜邦的材料规格要求是，可以形成为所希望的任何形状，但同时也具有高张力、抗撞击和抗弯曲的强度。经过一番研究后，杜邦公司向雷明顿回应，指出他们可提供所谓的尼龙 Zytel–101 型化合物。Zytel 在杜邦公司的品牌以下命名为尼龙。化合物最终用于生产枪托和机匣。

雷明顿 Nylon 66 于 1959 年至 1989 年间生产，在那时是有历史以来第一批枪托是由木材以外的材料制造并且大量生产的步枪。

射击爱好者在使用雷明顿 Nylon 66 步枪

枪体构造

雷明顿 Nylon 66 步枪在结构很大程度上使用合成物料，可以在不注入任何润滑剂下操作。该步枪在北极地区非常流行，而且已经有许多原住民使用发射 .22 LR 子弹的 Nylon 66 射杀大型动物。

雷明顿 Nylon 66 步枪侧方特写

性能解析

由于当时枪械市场普遍都缺乏合成枪托的经验，这使得 Nylon 66 是当时雷明顿公司的一次冒险性尝试。甚至有推测指出，该枪的重量轻便会有可能导致其在该射击领域里的精度不合格。

雷明顿 Nylon 66 步枪局部特写

衍生型号

型　号	特　点
尼龙 66MB	莫霍克棕色型
尼龙 66GS	展馆专题型
尼龙 66SG	塞内卡尼亚绿色型
尼龙 66AB	阿帕奇黑色型机开锁前的自由行程
尼龙 66BD	黑金刚石型

雷明顿 Nylon 66 步枪右侧方特写

10 秒速识

　　雷明顿 Nylon 66 半自动步枪具有多种颜色，例如 "莫霍克棕色" (Mohawk Brown)、"阿帕奇黑色" (Apache Black) 和 "塞内卡尼亚绿色" (Seneca Green) 可供选用。雷明顿 Nylon 66 装有片状机械瞄具，以及具有开槽、可以容纳一个用以安装瞄准镜接口的机匣。

雷明顿 Nylon 66 步枪局部特写

美国儒格 Mini-14 半自动步枪

儒格 Mini-14(Ruger Mini-14) 是由美国枪械公司斯特姆·儒格公司 (Sturm Ruger) 以 M1 卡宾枪及 M14 自动步枪改进而成的小型、小口径及轻量化的半自动步枪。

研发历史

1974 年，美国枪械公司斯特姆，儒格公司首度推出 Mini-14。Mini-14 之名是从军用型 M14 自动步枪衍生而来的。它结合了大量的创新和降低成本的工程变更。Mini-14 非常受到小型猎物 (small game) 狩猎、牧场主人、执法机关、保安人员、目标射击射手和射击爱好者的欢迎。

基本参数	
口径	7.62 毫米
空枪重量	2.9 千克
全长	946 毫米
枪管长	559 毫米
枪口初速	990 米 / 秒
射速	750 发 / 分
有效射程	300 米
弹容量	5/10/20/30 发

儒格 Mini-14 半自动步枪兵右侧方特写

枪体构造

由 L. 詹姆斯·沙利文和威廉·B. 儒格所设计的 Mini-14 步枪采用了熔模铸造、热处理制造的机匣以及 M1"加兰德"和 M14 的闭锁机构与自我清洁、固定短行程活塞导气式和滚转式枪机系统。目前推出的目标型步枪只能发射 .223 雷明顿步枪子弹而不能发射 5.56×45 毫米北约口径步枪子弹。儒格公司目前提供了一些装有黑色 ATI 可调节及折叠式枪托与手枪握把的 Mini-14 步枪。虽然 Mini-14 的弹匣类似于 M16 的 STANAG 弹匣，但是两者的设计却是不能互相使用的。

黑色涂装的儒格 Mini-14 步枪

性能解析

由于不具有威胁性，因此儒格 Mini-14 半自动步枪被美国联邦法律和众多州禁止的半自动步枪名单中排除在外，而且很容易买到。2007—2008年新改进的 Mini-14 甚至能打出 2MOA(角分) 的精度。

两种枪托的儒格 Mini-14 步枪

衍生型号

型　号	特　点
牧场步枪型	改善了瞄准镜基座，附上了儒格原厂提供的瞄准镜环
Mini-14 GB	具有枪口消焰器和刺刀座
AC-556	Mini-14 的击发调变式版本
目标型步枪	采用了重型枪管、可调节的谐波避震器和目标型枪托
战术型步枪	使用标准型固定枪托／前护木
全国步枪协会型	具有金色全国步枪协会奖章的聚合物枪托
XGI	更大口径版本的 Mini-14

Mini-14 步枪所用的弹匣及子弹

服役记录

Mini-14 曾被纽约市警察局紧急应变小组所采用，该步枪最终被 M4 卡宾枪所取代。纽约市警察局有组织犯罪管制局至今仍装备了 Mini-14。美国海军陆战队在某些美国国外的大使馆充当警卫行动时，也会发配 Mini-14。

10 秒速识

大多数 Mini-14 具有经典的运动步枪外观，枪托具有一些棱角而且隔热罩是木质材料，照门为觇孔式瞄具与大型护翼，没有内置式瞄准镜基座。Mini-14 具有不锈钢或烤蓝表面处理和硬木、合成物质或层压式胶合板枪托和一根 469.9 毫米枪管。

Mini-14 步枪局部特写

美国 M14 自动步枪

M14 是由美国春田兵工厂研制的自动步枪，现已被 M16 取代，但其改良型仍在服役。

研发历史

由于美军在二战中使用的 M1 "加兰德" 半自动步枪质量较大，弹容量太少，因此美军在 1945 年实施新的步枪研制计划，著名枪械设计师约翰·加兰德在 M1 "加兰德" 的基础上开始设计新型自动步枪。1954 年原型枪问世，1957 年定

基本参数	
口径	7.62 毫米
空枪重量	4.5 千克
全长	1118 毫米
枪管长	559 毫米
枪口初速	850 米／秒
射速	700～750 发／分
有效射程	460 米
弹容量	5/10/20 发

型定命名为 M14 步枪，1959 年在春田兵工厂投产，1963 年终止采购。

枪体构造

M14 步枪部分零件继承自 M1 "加兰德" 步枪，采用气动式原理，枪机回转闭锁方式。导气管位于枪管下方，可选择半自动或全自动射击。M14 由可拆卸的 20 发弹匣供弹，亦可以发射枪榴弹，而且还衍生出加装有两脚架的 M14A1 班用自动武器及狙击步枪版本。

该枪备有冬季用扳机、M6 刺刀、M76 枪榴弹发射插座和两脚架。空包弹发射装置包括 M12 式枪口装置和 M13 式枪管尾端护板。

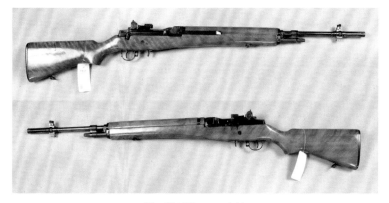

供展览用的 M14 步枪

性能解析

M14步枪具有精度高和射程远的优点，1969年美国军方根据M14研制出M21狙击手武器系统，受到部队的欢迎。

M14服役后便在丛林作战中大量使用，由于枪身比较笨重，单兵携带弹药量有限，而且弹药威力过大，全自动射击时散布面太大，难以控制精度，在丛林环境中不如苏联AK-47突击步枪（使用中间型威力枪弹），导致评价较差，并且很快停产。美军在对阿富汗、伊拉克的战争中，重新启用了更多的配上高精度枪管、两脚架和瞄准镜的M14，提供远射程精确支援火力。经过现代化改造的M14步枪被重新装备军队。

M14步枪

衍生型号

型　号	特　点
M14E1	折叠枪托、没有正式装备
M14E2／M14A1	可选射击模式的M14
M21 SWS	在1966年精确化后M14狙击步枪版本
M14 SMUD	用于引爆地雷或其他类似的炸药
Mk 14 EBR	更短的战术型M14步枪
M14 DMR	远距离精确射击步枪

服役记录

20世纪60年代，在东南亚丛林作战中M14步枪显得比较笨重，单兵携带弹药量有限，而且弹药威力过大，全自动射击时难以控制精度，其性能不及 AK-47 突击步枪。1963 年美国军方终止采购 M14，1967 年选择了小口径的 M16 突击步枪，M14 开始全面撤装，并导致春田兵工厂关闭。

M14 步枪示意图

10 秒速识

M14 枪机呈扁圆柱形，右前端有一导轮，枪机框通过导轮带动枪机在机匣中前后运动。机匣两侧壁上有导引枪机运动的导轨。机匣内还有一横梁，中间开有缺口。枪口装置的圆筒部插入消焰器的开口内，由刺刀座和弹簧固定。枪尾护板由带弹簧顶杆的卡笋固定于弹匣槽中。

M14 步枪侧面特写

美国 M1 卡宾枪

M1 卡宾枪 (M1 Carbine) 是美国在二战中的制式武器枪，有多种衍生型，是二战中美国使用最广泛的武器之一。

研发历史

1938 年，美国陆军要求为军官、军士、车组成员、机枪手、通信兵及其他不便携带全尺寸步枪的士兵，配备一种介于步枪与手枪之间的重量不超过 2.5 千克的轻型步枪，作为轻型自卫武器用以取代手枪和冲锋枪。1940 年美国军方批准展开

基本参数	
口径	7.62 毫米
空枪重量	2.4 千克
全长	900 毫米
枪管长	460 毫米
枪口初速	607 米／秒
射速	750 发／分
有效射程	270 米
弹容量	15/30 发

研制计划，由温彻斯特武器公司设计的样枪以及弹药被美军选中，1941 年定型，命名为 M1 卡宾枪，并于 1942 年进入现役装备部队。直到二战结束，M1 卡宾枪共生产了超过 600 万支。M1 卡宾枪主要被二战时的美国海军陆战队使用。

金属质枪托的 M1 卡宾枪

枪体构造

M1 卡宾枪采用导气式工作原理，枪机回转闭锁方式，单发射击，自动装填子弹，由 15 发弹匣供弹，枪托上可以附加携带两个备用弹匣的弹匣袋。

发射时，火药燃气通过导气孔进入导气室并推动活塞向后运动，活塞撞击枪机框，使之后坐。枪机框后坐约 8 毫米后，膛压下降至安全值，这段时间为开锁前的机械保险。然后，枪机框导槽的曲线段与枪机导向凸起相扣合，枪机开始旋转（同时起预抽壳的作用）开锁。在枪机后坐过程中，其上的抽壳钩拉着弹壳向后运动，弹壳被拉出弹膛后，由枪机上的弹性抛壳挺向右前方抛出。M1 和 M2 卡宾枪均可安装 M8 型枪榴弹发射插座发射枪榴弹。

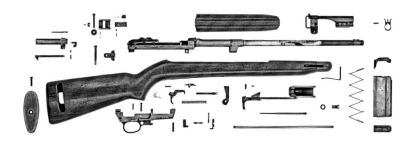

M1 卡宾枪分解图

性能解析

M1 卡宾枪具有质量轻、射击容易控制等优点。在二战期间，M1 卡宾枪被认为是一种有效的近战武器。

M1 卡宾枪局部特写

衍生型号

型　　号	特　　点
M1A1	金属质骨架式枪托，向左折叠、供空降部队使用
M1A2	改进机械照门，加入风偏调节
M1A3	伸缩式枪托、15 发弹匣

服役记录

美国政府曾将 M1 卡宾枪作为军事援助输出，在越南战争中作为军队的主要武器。M1 卡宾枪也曾经是联邦德国巴伐利亚乡村警察以及以色列警察使用的武器。直至现在，以色列仍拥有大量 M1 卡宾枪及其弹药。

M1 卡宾枪多角度特写

10 秒速识

早期的 M1 卡宾枪不配刺刀，后来根据军队的要求，在枪管下方增加了刺刀座，并配备 M4 刺刀。M1 卡宾枪配有草绿色的帆布枪带，在枪托上可以附加两个弹匣袋，以便在枪身上携带两个备用弹匣。

M1 卡宾枪局部特写

英国李 – 恩菲尔德步枪

李 – 恩菲尔德步枪 (Lee-Enfield) 是 1895—1956 年英军的制式手动步枪，有大量衍生型。

研发历史

李 – 恩菲尔德步枪是由恩菲尔德皇家兵工厂生产的枪管和"李"式枪机机构结合而成的，1895 年命名为李 – 恩菲尔德弹匣式步枪 (Magazine Lee-Enfield)，简称 MLE 步枪。为与后来的"短"步

基本参数	
口径	7.7 毫米
空枪重量	4.19 千克
全长	1257 毫米
枪管长	767 毫米
枪口初速	744 米／秒
有效射程	914 米
弹容量	10 发

枪 (SMLE) 区别，MLM 步枪和 MLE 步枪统称为"李氏长步枪"(Long Lees)。此外，还有供骑兵用的卡宾枪。布尔战争之后，在李氏长步枪的基础上改进，首创"短步枪"的概念，名为"李 – 恩菲尔德弹匣式短步枪"(Short Magazine Lee-Enfield，SMLE)，在 1903 年投产。直到现在，仍有 SMLE 步枪在民用市场用于狩猎和打靶，或作为纪念品被收藏。

李 - 恩菲尔德步枪正反面特写

枪体构造

　　李 – 恩菲尔德步枪采用旋转后拉式枪机和盒形可卸式弹匣（此后英军的多种恩菲尔德手动步枪均是这个系统的改进），后端闭锁的旋转后拉式枪机，装填子弹速度较快。安装固定式盒型双排容量 10 发弹匣装弹（弹匣虽可拆卸，只是为维护或损坏更换方便，在使用中弹匣不拆卸，子弹通过机匣顶部装弹口填装），提高了持续火力，是实战中射速最快的旋转后拉式枪机步枪之一。

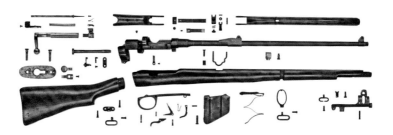

李 - 恩菲尔德步枪分解图

性能解析

　　李 – 恩菲尔德步枪具有性能可靠、枪机行程短、操作方便的优点。在一战中的堑壕战中，由于火力迅猛给敌人留下深刻的印象。恩菲尔德兵工厂曾生产了可装 20 发子弹的弧形固定弹匣用于堑壕战。

李 - 恩菲尔德步枪局部特写

衍生型号

型 号	特 点
MLE Mk I	改变枪管膛线和瞄准具、配有弹匣隔断器
SMLE Mk I	第 1 型李－恩菲尔德弹匣式短步枪、前枪托与枪口齐平
SMLE Mk III	改用简化的后照门、移除弹匣隔断器、加入远距离齐射照门
P14/M1917	类似德国毛瑟系列枪机
No. 4 Mk I	安装觇孔瞄具、改用了重枪管、新设计的刺刀座和钉状刺刀
No. 4 Mk 2	扳机悬挂在机匣底部、装有榉木枪托
No. 5 Mk I	李－恩菲尔德步枪的缩短型

SMLE Mk I 步枪

服役记录

　　一战中英国军队广泛使用了李－恩菲尔德步枪。为了提高步枪产量，MK.III 李－恩菲尔德步枪简化型于 1916 年投产，一直到二战期间仍大量生产使用，是二战前期英军装备的主要步枪。

　　二战时期，大多数新西兰地面部队被部署在北非，当日本在 1941 年加入战争时，新西兰发现本土的军队欠缺轻机枪来防卫日军入侵，因此立刻提供资金来改装李－恩菲尔德步枪 (MLE) 成为半自动步枪，并在 1942 年装备国土防卫军。

雪地中的李 - 恩菲尔德步枪

10 秒速识

李 – 恩菲尔德步枪有多种基本型号，还有基于基本型号持续改进的众多改进型号，各型号之间外形比较相似，其中较常见的 No.1 型前枪托与枪口齐平是李 – 恩菲尔德步枪外形上最显著的特征。

李 - 恩菲尔德步枪与刺刀

苏联莫辛－纳甘步枪

莫辛－纳甘步枪是由俄国陆军上校莫辛和比利时枪械设计师纳甘共同设计并命名的一种手动步枪。

研发历史

1890 年，俄国开始更换军方装备的大口径伯丹单发填装步枪，该枪早在俄土战争中就已经显出太落后，因此推出一种新式步枪刻不容缓。俄国人在设计新步枪时，招标过程中吸取了李昂·纳甘提交枪

基本参数	
口径	7.62 毫米
空枪重量	4 千克
全长	1232 毫米
枪管长	730 毫米
枪口初速	800 米 / 秒
有效射程	500 米
弹容量	5 发

型设计中的一些元素，俄国兵工厂将李昂·纳甘的供弹系统设计与俄国陆军上校谢尔盖·伊凡诺维奇·莫辛设计的步枪结合推出了新式步枪，因此这种步枪被称为莫辛－纳甘步枪。

莫辛－纳甘步枪于 1891 年投入生产，分别交由图拉、伊热夫斯克、谢斯特罗列茨克三家兵工厂生产，1893 年开始大规模生产，经历了日俄战争，在一战时成为俄军主力武器。

莫辛 - 纳甘步枪多角度特写

枪体构造

　　莫辛 – 纳甘步枪采用莫辛设计的 3 线弹仓式，同时采用纳甘设计的快速填装弹弹夹，是俄罗斯军队最早采用无烟发射药技术的军用步枪。此后，俄罗斯对步枪实施了一系列改进，推出了适于骑兵的步枪、卡宾枪及加装瞄准镜的狙击步枪的版本，并为该枪设计了一系列的枪榴弹。

　　莫辛 – 纳甘步枪是一种传统的旋转后拉式枪栓与弹仓式供弹的设计，枪机部分采用简单设计，细小的零件很少；整体弹仓位于枪托下扳机护圈前面，使用能携带 5 发子弹的弹夹，通过机匣顶部的抛壳口单发或用弹夹填装，弹仓口有一个隔断面器，用于枪弹上膛时隔开第二发子弹。枪弹是击针式击发，因拉机柄力臂较短，枪机操作时所需力量较大，拉机柄为直式，狙击步枪采用下弯式拉机柄；手动保险为枪机尾部凸出的圆帽，将其向后拉并向左旋转会锁住击针使其无法向前运动以形成保险。

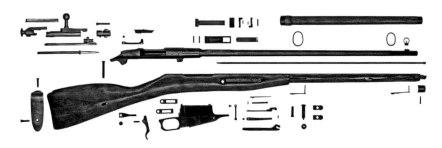

莫辛 - 纳甘步枪分解图

性能解析

　　莫辛 – 纳甘是最早的无烟发射药军用步枪之一，与毛瑟步枪系列、李 – 恩菲尔德步枪系列等其他同时代同类军用步枪相比，莫辛 – 纳甘枪机设计较为复杂，设计粗糙而且过时，整体的操作感觉也比这些步枪笨拙。但是其优点是易于生产、使用简单可靠，无须太多的维护，符合当时沙俄工业基础差、军队士兵素质低的实际状况。

衍生型号

型　号	特　点
M1891 步兵步枪	标准型长步枪
龙骑兵步枪	供骑兵部队使用、1930 年停产
哥萨克骑兵步枪	供哥萨克骑兵使用、取消了刺刀
M1907 卡宾枪	供机枪组人员、工兵、炮兵及通信兵等使用
M1891/30 步枪	加装瞄准镜、狙击步枪型号
M1938 卡宾枪	供骑兵、炮兵和其他非一线战斗部队使用
M1944 卡宾枪	装有折叠式四棱刺刀
M1891/59 卡宾枪	最后一种莫辛－纳甘步枪版本

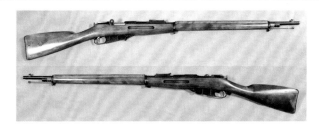

M1891 步兵步枪

服役记录

　　十月革命后，大量的莫辛－纳甘步枪被布尔什维克红军缴获，在其内战期间由于带有长长的刺刀让对方印象深刻。

莫辛－纳甘步枪前侧方特写

二战爆发后莫辛－纳甘步枪再次成为苏军主力武器。战争后期，莫辛－纳甘步枪显得过时了，虽然进行了战时的改进，战后很快被采用中间型威力枪弹的新式步枪替代，1948 年全面停产，但在一些国家仍然继续使用。

10 秒速识

莫辛－纳甘步枪最显著的外形特点就是机匣剖面呈六角形，早期型没有上护木，配有背带转环，后期型增加了上护木，改为背带插槽。1909 年 7.62×54 毫米 R 步枪弹由原来的圆头弹改为了尖头弹，由于弹道曲线变化，相应步枪改为新设计的弧形标尺。早期的可拆卸刺刀通过管状插座套在枪口上，后期的 1944 型卡宾枪改为不可拆卸的折叠式刺刀。

苏联 SVT-40 半自动步枪

SVT-40 是一种苏联时期研制的半自动步枪，该枪在二战期间被苏联军队使用。

研发历史

SVT-40 是根据冬季对芬兰作战所取得的经验教训总结的成果，在 SVT-38 的基础上改进而成，目的是改善步枪的操作性和可靠性。该枪于 1940 年 7 月 1 日开始在图拉兵工厂投产，当时苏联打算

基本参数	
口径	7.62 毫米
空枪重量	3.85 千克
全长	1226 毫米
枪管长	625 毫米
枪口初速	840 米／秒
有效射程	800 米
弹容量	10 发

以后所有的步兵单位都装备新的半自动步枪。SVT-40 的生产速度比原来的 SVT-38 要快，这主要是因为一些零部件被简化，而且生产工人也已经积累了相当多的经验。1940 年末至 1941 年初，科若库兵工厂也开始投产 SVT-40，科若库兵工厂主要是为苏联空军生产机枪和航炮。

SVT-40 半自动步枪及配件

枪体构造

SVT 步枪是一种采用导气式工作原理、弹匣供弹的自动装填步枪。短行程导气活塞位于枪管上方，后坐行程约 36 毫米。导气室连同准星座、刺刀卡笋和枪口制退器，构成一个完整的枪口延长段。这样的设计简化了枪管，但枪口延长段颇为复杂。

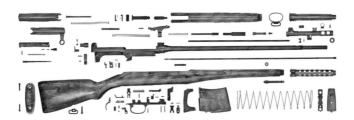

SVT-40 半自动步枪分解图

SVT-40 半自动步枪局部特写

性能解析

　　SVT–40 结构复杂，使用后擦拭非常困难，而偏偏当时苏联生产的枪弹使用的发射药具有腐蚀性，如果不勤加保养会导致枪的可靠性降低。由于当时苏联步兵教育程度低，而且训练水平不足，在对枪支的保养方面没有精锐部队专业，于是就认为这种枪不好用。而训练水平和教育程度都相对较高的精锐部队，如海军步兵，则认为 SVT–40 比莫辛 – 纳甘步枪好得多。

SVT-40 半自动步枪及其配件

服役记录

　　SVT–40 是针对前线士兵的意见而改进的产品，但在二战中仍然被认为结构过于复杂、维护困难、故障率高。苏联原本在 1940 年 4 月决定把 SVT–40 用作红军的狙击步枪，因而停止生产莫辛 – 纳甘 M1891/30 PE 型狙击步枪。但最后还是在 1942 年决定重新采用莫辛 – 纳甘 M1891/30 PE 型狙击步枪作为制式狙击步枪。退役的 SVT–40 连同其他过时的军备一起输出到一些第三世界及社会主义（包括华沙条约各国）国家作军事援助。

10 秒速识

　　SVT–40 是木质枪托，枪托的前护手部位较短，缩短的部位由上、下两块冲压成形的钢质护盖组成，完全包住枪管和导气装置，上、下钢护盖上都开有多个圆孔。由于 SVT-40 的护木缩短，因此原来的护箍也从 2 个改为 1 个，并在前托上增加了手指凹槽。

SVT-38 的通条插在枪托右侧的凹槽中，而 SVT-40 的通条则改为插在枪管下方，所以通条位置是识别 SVT-38 与 SVT-40 的标志。

SVT-40 **多角度特写**

苏联 SKS 半自动步枪

SKS 半自动步枪是由苏联枪械设计师西蒙诺夫在 1945 年设计的半自动步枪。

研发历史

SKS 半自动步枪是苏联著名枪械设计师谢尔盖·加夫里罗维奇·西蒙诺夫于二战期间设计、1946 年定型并装备苏军的半自动步枪，亦称 SKS，即西蒙诺夫自动装填卡宾枪的缩写。苏联在 1943 年

基本参数	
口径	7.62 毫米
空枪重量	3.85 千克
全长	1020 毫米
枪管长	520 毫米
枪口初速	735 米／秒
有效射程	400 米
弹容量	10 发

核准了一个新的中间型威力枪弹和步枪。1945年初在二战中少数SKS半自动步枪在对德国的前线进行了测试。SKS半自动步枪在世界上盛行多年，堪称历史上成功的一支半自动步枪。

枪体构造

SKS半自动步枪是一种采用最普通结构的导气式武器。导气装置无气体调节器，活塞通过推杆抵在枪机框上，活塞后坐行程小于机框的行程，故该枪的自动方式属于活塞短行程。采用的枪机偏转式闭锁机构刚度好，结构简单，便于生产，勤务性也比较好。

SKS半自动步枪击发机构属于击锤回转式，由击锤和击锤簧、击针和击针销等组成。发射机构属于半自动发射机构，由阻铁和阻铁簧、扳机和扳机簧、扳机轴、扳机连杆、不到位保险、单发杆等组成，并结合在发射机座上。其中单发杆能在枪机后坐压倒击锤的同时将扳机连杆向下压，解脱阻铁，扣住击锤，确保单发射击。

SKS半自动步枪局部特写

性能解析

SKS半自动步枪具有结构简单，刚度好等优点，是一支性能良好的武器。SKS半自动步枪可以不需工具，很轻松地大部分解与重组。与其他一些苏联时代的设计一样，SKS半自动步枪牺牲了一些精准度，换取了耐用性、可靠性、易于维护和低廉的制造成本。SKS半自动步枪设计简洁，而且非常坚固又有效好用。

SKS 半自动步枪装备的刺刀

服役记录

SKS 半自动步枪在苏联的第一线服役后很快被 AK-47 取代。但其后它仍然在第二线服务了几十年。直到今天，仍然是俄罗斯仪仗队使用的步枪。SKS 半自动步枪被苏联广泛出口到前东欧集团国家，部分国家更曾仿制并大量生产。

SKS 半自动步枪

10 秒速识

SKS 半自动步枪布局与传统卡宾枪无异，使用木质枪托，没有手枪样式的握把。大多数版本都在枪管下配有一支可折叠的刺刀。

SKS 半自动步枪上方视角

装有弹匣的 SKS 半自动步枪

苏联 AVS-36 自动步枪

AVS-36 是苏联在二战初期列装的一种自动步枪，不仅能进行半自动射击，更能全自动射击。

研发历史

AVS-36 自动步枪是由苏联著名设计师谢尔盖·西蒙诺夫设计制造的。1930年，西蒙诺夫开始试制气动式自动装填步枪。在 1931 年成功研制出第一个样品，经过 3 年的改进后，该枪交予苏联军队实验。第二年，费德诺·托卡诺夫的样枪与西蒙诺夫的样枪进行了一场半自动军用步枪竞选，结果由西蒙诺夫在这次竞选中胜出，其步枪得以定型为 AVS-36 并成为苏联的新一代军用步枪。

基本参数	
口径	7.62 毫米
空枪重量	4.3 千克
全长	1230 毫米
枪管长	612 毫米
枪口初速	840 米／秒
有效射程	600 米
弹容量	15 发

AVS-36 自动步枪及子弹

枪体构造

AVS-36 半自动步枪是气发的，能够选择发射模式。AVS-36 的可拆卸弹匣载弹量为 15 发，枪身上可以安装刺刀。另外也有一种少量生产带 PE 瞄准镜的狙击型，狙击型在 1938 年 10 月在莫斯科首次露面。

AVS-36 自动步枪局部特写

性能解析

AVS-36 对子弹发射药的品质要求严格，枪口制退器基本上没有制退功能，而在全自动射击时，更无法控制。该枪还因为弹匣的弹簧力度不够而造成供弹问题，性能不佳，AVS-36 在 1938 年停产。

装有 15 发弹匣的 AVS-36 步枪

服役记录

西蒙诺夫设计的 AVS-36 步枪在 1936—1938 年共生产了 65800 支，在 1940 年的冬季战争期间和在 1941—1945 年卫国战争的早期有使用。但由于 AVS-36 的射击精度太差，无法满足狙击的要求，最后只生产了少量的该型狙击步枪。

AVS-36 步枪上方视角

10 秒速识

AVS-36 步枪短冲程气体活塞被设置在枪管之上，并且有它自己的离合弹簧。这是当时世界上最早有这种设计的步枪之一。

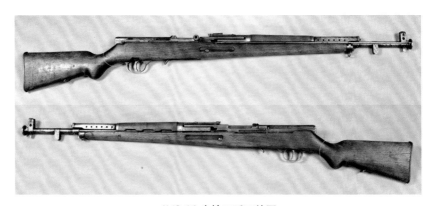

AVS-36 步枪正反面特写

德国 HK G3 自动步枪

HK G3 是德国黑克勒·科赫公司 (HK) 于 20 世纪 50 年代以 StG45 步枪为基础所改进的现代化自动步枪。

研发历史

二战时，德国人路德维希·福尔格里姆勒发明了一种利用滚柱闭锁原理的枪机，毛瑟兵工厂利用该设计制造出 StG45 突击步枪。战后，福尔格里姆勒辗转至西班牙，研制出 CETME 步枪，而前联邦德

基本参数	
口径	7.62 毫米
空枪重量	4.41 千克
全长	1026 毫米
枪管长	450 毫米
枪口初速	800 米／秒
有效射程	700 米
弹容量	5/10/20 发

国正需要更换新枪。因此，前联邦德国与西班牙政府签订合同，修改并订购首批 500 支的 CETME 步枪，条件是由 HK 公司生产，经过修改后的步枪被命名为 HK G3。

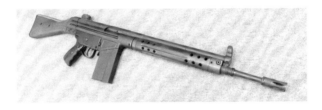

HK G3 步枪上方视角

枪体构造

HK G3 采用半自由枪机式工作原理，零部件大多是冲压件，机加工件较少。机匣为冲压件，两侧压有凹槽，起导引枪机和固定枪尾套的作用。HK G3 步枪发射机构是一个独立的组合件，用连接销固定在机匣上。HK G3 的枪管采用普通膛线，弹膛内壁开有 12 条纵向槽，以降低抽壳阻力。

装有两脚架的 HK G3 步枪

性能解析

HK G3 有很高的精度，这是它结构的优点，缺点是射速慢。HK G3 是世界上制造数量最多、使用最广泛的自动步枪之一。

HK G3 步枪分解图

衍生型号

型 号	特 点
G3A3ZF	装有瞄准镜的 G3A3
G3A4	G3A3 的伸缩枪托版本
G3KA4	G3A4 的卡宾枪版本
G3A5	G3A3 丹麦军队制式版本
G3A6	G3A3 的伊朗版本
G3A7	G3A3 的土耳其版本
G3-TGS	装上 HK79 的版本
G3SG/1	狙击步枪改造版本

HK G3A4(上) 及 HK G3A3(下)

服役记录

　　HK G3 步枪在 1959 年被西德联邦国防军正式装备，在 1997 年被 HK G36 突击步枪取代，当时共有 80 多个国家购买了 HK G3 步枪，其中有 10 多个国家获得特许生产权，现在仍有 40 多个国家持续使用 HK G3 步枪。

黑色涂装的 HK G3 自动步枪

10 秒速识

　　HK G3 步枪枪口部有螺纹，并有一个锯齿形的圆环，采用机械瞄准具，并配有光学瞄准镜和主动式红外瞄准具。枪管装于机匣之中，并位于机匣的管状节套的下方。管状节套点焊在机匣上，里

HK G3 步枪上方视角

面容纳装填杆和枪机的前伸部。装填拉柄在管状节套左侧的导槽中运动，待发时可由横槽固定。

德国 Kar98K 半自动步枪

Kar98k 是由 Gew 98 毛瑟步枪改进而来的半自动步枪，是二战期间产量最多的轻武器之一。

研发历史

20 世纪 30 年代，德国重整军备，经过改进的标准型毛瑟步枪被德国国防军作为制式步枪，命名为 Karabiner 98k，简称 Kar98k 或 K98k，其中尾部的 k 是"Kurz"的缩写，德语意为"短"——相

基本参数	
口径	7.92 毫米
空枪重量	3.7 千克
全长	1110 毫米
枪管长	600 毫米
枪口初速	760 米／秒
有效射程	500 米
弹容量	5 发

对于 Gew 98 步枪，Kar98k 的长度缩短不少，但仍比一般卡宾枪要长。该枪在 1935 年正式投产，同年装备德军，1945 年停产。

枪体构造

Kar98k 采用毛瑟式旋转后拉式枪机，枪机尾部是保险装置。Kar98k 简化了枪托，部分零部件制造与安装采用冲压、焊接工艺。子弹呈双排交错排列的内置式弹仓，使用 5 发弹夹装填子弹，装弹时直接将弹夹插入机匣导槽，枪弹被压入弹仓，而空弹夹则在枪机闭锁时被自动抛掉。如果要取出已经装入的子弹，则只要拉动枪栓（保险装置必须处于中间位置即安全但枪栓解锁状态），或者直接取下其底部弹仓即可。

Kar98K 半自动步枪分解图

Kar98K 半自动步枪前侧方特写

性能解析

　　Kar98k 步枪射击精度高，经加装 4 倍、6 倍光学瞄准镜后，能够作为一种优秀的狙击步枪投入使用。Kar98k 狙击步枪共生产了近 13 万支装备部队，还有相当多的精度较好的 Kar98k 步枪被挑选出来改造成狙击步枪。Kar98k 步枪还可以加装榴弹发射装置发射枪榴弹。多功能性是 Kar98k 步枪服役如此广泛的原因之一。

Kar98k 步枪不同角度特写

服役记录

纳粹德军在二战期间广泛地装备毛瑟 Kar98k，在所有德军参战的战区如欧洲、北非、苏联、芬兰及挪威皆可见其踪影，当时德军士兵昵称其为"Kars"，在欧洲的反抗军也时常采用捕获的 Kar98k，连苏联红军也有采用 Kar98k 及其他捕获的德军枪械。苏联在二战初期因为签订《苏德互不侵犯条约》而购买了版权及生产机器，所以亦有生产 Kar98k，但其后因要提高战场弹药通用性及供应补给问题，改为生产莫辛－纳甘步枪。

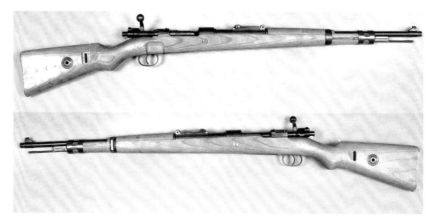

Kar98k 步枪正反面特写

10 秒速识

Kar98K 半自动步枪有弧形标尺，"V"形缺口式照门，倒"V"形准星，准星带有圆形护罩。拉机柄是下弯式，便于携行和安装瞄准镜。

Kar98k 步枪局部特写

德国 Gew 41 半自动步枪

Gew 41 步枪 (Gewehr 41) 是二战期间纳粹德国国防军所使用的半自动步枪。

研发历史

Gew 41 半自动步枪是由毛瑟 (Mauser) 与瓦尔特 (Walther) 参与研发并于 1941 年推出的设计，华瑟 (Walther) 所设计的样枪最终获得了较为成功的测试结果，最终由德国陆军武器部 (Hitler's army Weapons command，HWaA) 选定并批准投产，命名为 Gewehr 41，简称 Gew 41。

基本参数	
口径	7.92 毫米
空枪重量	4.6 千克
全长	1140 毫米
枪管长	546 毫米
枪口初速	776 米 / 秒
有效射程	400 米
弹容量	10 发

枪体构造

利用发射枪弹的火药气体推动枪机解锁、后坐，完成抛壳、子弹上膛。其使用的气动杆是从枪管下方两侧推动枪栓，使用标准毛瑟步枪弹，由 10 发装固定弹匣供弹，子弹由机匣顶部填装 2 个夹条。

Gew 41 半自动步枪局部特写

性能解析

Gew 41 步枪相比同期的步枪来说较为笨重，子弹的填装也相当不便，而且枪口环形导气活塞远比平行杠杆导气活塞更容易受到外在环境影响，需要经常清洁堆积在枪口的硝烟尘土以避免造成系统失灵，或是沙砾导致的变形损坏，同时鼻锥状的防火帽也让清洁工作变得更为烦琐，但是它在火力方面的性能比 Kar98k 优异，尤其在遭遇短促射击时能够提供 Kar98k 所无法达到的压制效果。

黑色涂装的 Gew 41 半自动步枪

服役记录

Gew 41 是德军在二战时期常用的武器之一，后来根据军队的要求，将 Gew41 进行相应的改进，改进型名为 Gew 43，并取代 Gew 41 开始投入生产。而 Gew41 到 1944 年停产时共生产了 122907 支。

Gew 41 半自动步枪部分拆卸零件

10 秒速识

　　Gew 41 半自动步枪枪口采用环形导气活塞，其形状类似于包覆或环绕枪管的套筒。

Gew 41 半自动步枪正反面特写

德国 Gew 43 半自动步枪

Gew 43(Gewehr 43) 是二战期间纳粹德国国防军所装备的一种半自动步枪。

研发历史

Gew 43 是瓦尔特公司按照部队要求对 Gew 41 半自动步枪加以改进之后产生的型号，德国工程师根据军队的要求，借鉴了 SVT–40 步枪的导气式工作原理，直接改进了 Gew 41，发射枪弹的火药气体

基本参数	
口径	7.92 毫米
空枪重量	4.4 千克
全长	1130 毫米
枪管长	550 毫米
枪口初速	746~776 米／秒
有效射程	500 米
弹容量	10 发

导出枪管后，推动一个活塞向后运动带动枪机后坐，完成抛壳、子弹上膛。于 1943 年中旬推出了带有 10 发下装弹匣的 Kar 43 步枪。直到德国陆军武器局命名为 Gewehr 43。

Gew 43 半自动步枪局部特写

枪体构造

Gew 43 半自动步枪采用了大量冲焊熔铸工艺的零部件，非常适于机械加工厂的大批量生产。此外 Gew 43 的零部件也与 Gew 41 有很大的通用性，但 Gew 43 没有刺刀座。Gew 43 采用的导气系统是 SVT–40 的长行程活

塞式导气系统，它的闭锁系统的可靠性也很高，一名有经验的士兵在使用 Gew 43 步枪时可达到 50 ～ 60 发 / 分。

Gew 43(上) 与 StG44(下)

性能解析

　　Gew 43 步枪用途非常广泛，装备瞄准具还可以作为狙击步枪使用，并且性能非常出色。例如加装 ZF41 或 ZF42 瞄准镜后，Gew 43 半自动步枪就可以作为狙击步枪使用并颇受好评。除此之外，Gew 43 步枪比手动装填子弹的步枪射击速度更快，但是它的缺点是射程精度不如 Kar 98k，射速比不过 StG44 突击步枪。

Gew 43 半自动步枪上方视角

服役记录

　　Gew 43 步枪在 1943 年开始大量生产并装备部队。在 1944 年初的苏德战场上，苏军发现前线德军半自动武器数量开始增加，德军利用 Gew 43 半自动步枪武器配合MG-34/42 机枪已对苏军构成了相当强大的阻击火力，在步枪有效射程上的自动 / 半自动武器密度上已超过了苏军。在西线战场上，1944 年 6 月盟军登陆诺曼底时也遇到德军的 Gew 43。

10 秒速识

　　Gew 43 步枪与 Gew 41 步枪在外形上十分相似，但与 Gew 41 不同的是 Gew 43 从一开始就没有设定刺刀座。Gew 43 步枪的特点在于它的枪栓位于枪机左侧，似乎是为照顾左撇子射手而设计的。

Gew 43 半自动步枪正反面特写

法国 MAS-49 半自动步枪

MAS-49 是法国研制生产的半自动军用步枪，在二战结束后用来替换在法军里的手动步枪。

研发历史

1944 年末，法国开始研制新型步枪，不久便研制出了 MAS-44 式 7.5 毫米半自动步枪样枪，经多次改进后，于 1949 年确定为法军制式装备，称 MAS-49。该枪 1950 年装备部队，取代原装备的国

基本参数	
口径	7.5 毫米
空枪重量	4.7 千克
全长	1100 毫米
枪管长	580 毫米
枪口初速	820 米／秒
有效射程	400 米
弹容量	10 发

产 MAS-36 式 7.5 毫米弹仓式步枪和美国 M1 式加兰德半自动步枪及 M1 卡宾枪。MAS-49 式步枪除被法军使用外，还出口阿尔及利亚和印度等国。

枪体构造

MAS-49 采用导气式工作原理，偏转式枪机，导气装置中没有活动部件，火药气体直接作用于枪机。枪口消焰器可用来发射枪榴弹并装有榴弹发射器瞄准具。MAS-49 式步枪不能装刺刀，但可以装光学瞄准镜或红外瞄准具。

装有两脚架的 MAS-49 半自动步枪

性能解析

MAS–49 能在 400 米距离用机械瞄具对人大小的目标有极好的精度，如果使用瞄准镜则能精确击中 800 米外的目标。MAS–49 的可靠性极好，操作简便，易于分解、结合和擦拭。只需要抹布和机油就能进行很好的清洗。除此之外，这种步枪还能忍受极恶劣的环境。

装有瞄准镜的 MAS-49 步枪

服役记录

MAS–49 于 1949 年 7 月正式被法国军队所装备。它在第一次印度支那战争和阿尔及利亚战争及苏伊士危机期间为法国军队大量装备。

MAS-49 步枪及配件

10 秒速识

MAS–49 枪管为固定式，不可拆卸。枪托为两段式，弹匣为梯形。MAS–49 步枪采用由弧形标尺和三角形准星组成的机械瞄准具，瞄准基线在枪膛轴线的左侧。

MAS-49 步枪正反面特写

MAS-49 步枪局部特写

美国温彻斯特 M70 步枪

温彻斯特 M70 步枪 (WinchesterModel70) 是由美国温彻斯特连发武器

公司生产的手动步枪。

研发历史

　　温彻斯特 M70 步枪自 1936 年推出以来，就赢得了"步兵的步枪"的绰号。其枪机与毛瑟的设计有许多相似之处，而且它是较早期的温彻斯特 M54 步枪的发展型。M70 最初是由温彻斯特连发武器公司于 1936—1980 年生产。从

基本参数	
口径	5.56 毫米（有多种型号）
空枪重量	2.73~3.63 千克
全长	1050 毫米
枪管长	660 毫米
枪口初速	850 米／秒
有效射程	600 米
弹容量	3/4/5 发

1980 年初直到 2006 年，温彻斯特步枪根据与奥林公司之间的协议，交由美国连发武器公司并且容许它们使用温彻斯特的名称和标志生产。从 1936 年至 2006 年的所有 M70 型号都是在康涅狄格州纽黑文市制造，直到生产结束。2007 年秋，比利时国营赫斯塔尔 (FN) 公司宣布，将会恢复 M70 的生产。截至 2012 年，全新的温彻斯特 M70 步枪正是由国营赫斯塔尔旗下、位于南卡罗来纳州哥伦比亚的美国分公司 (FNH USA) 所生产。2013 年开始，M70 的装配已经迁往葡萄牙。

黑色涂装的 M70 手动步枪

枪体构造

　　为了降低生产成本，1964 年至 1992 年制造的 M70 步枪与早期型 M70 有所不同。枪机有显著改变，枪机面被封闭，完全包围了弹药底缘，方式类似雷明顿 700 的枪机。它的结构能够给弹壳头提供更多的支持，以及在弹壳破裂的情况下更能够遏制外泄的气体。

　　M70 取消了自毛瑟式启发的非旋转式爪形抽壳钩，取而代之的是使用位于枪机头内凸耳的小楔形抽壳钩。这种类型的抽壳钩不与弹药底缘接触，

因为弹药会从弹匣升起到枪机，但在弹药被推入膛室而且枪机拉柄已经向下推以后不会夹过弹药底缘。该系统如果在胁迫之下操作，比旧型系统更容易出现卡弹或空膛闭锁等问题。

温彻斯特 M70 步枪局部特写

性能解析

在正常条件下，M70 枪机的新型设计的可靠性没有过去那么低，虽然简化结构导致外形不够典雅，但某些的更改却被认为是进步，令枪机结构更强。除此之外，温彻斯特 M70 步枪的分解也比较容易，比较适合野外作战。

温彻斯特 M70 步枪左侧视角

服役记录

美国海军陆战队在 1942 年 5 月购买了 373 支温彻斯特 M70 步枪。但在二战期间仅正式采用了 M1 "加兰德" 半自动步枪和春田 M1903 手动步枪作为步兵武器，温彻斯特 M70 主要在训练营出现和太平洋战争期间的战地实际使用。

10 秒速识

1964 年后的温彻斯特 M70 步枪改为锤锻式膛线，机械加工钢质扳机护圈和弹匣底板被铝合金冲压而成的部件所取代，使用来自 1964 年以前的轻量级版本组件。一些更早期型号具有胡桃木枪托并使用压印式格子花纹而非早期型 M70 使用的切成式格子花纹。

第 3 章
突击步枪

突击步枪是根据现代战争的要求，将步枪和冲锋枪所固有的最佳战术技术性能成功地结合起来的一种武器。其研制始于一战期间，至今已有近百年的历史。在这百年的历史长河中，突击步枪的发展走过了漫长的道路，历经曲折。

美国 AR-15 突击步枪

　　AR-15 是由美国著名枪械设计师尤金·斯通纳研发的以弹匣供弹、具备半自动或全自动射击模式的突击步枪。

研发历史

　　在 AR-15 之前，尤金·斯通纳设计了 7.62 毫米口径的 AR-10 突击步枪，并参与美军形式步枪的选型，但最终失败。之后，斯通纳又在该枪的基础上研制成功了发射 5.56×45 毫米弹药的 AR-15 突

基本参数	
口径	5.56 毫米
空枪重量	3.9 千克
全长	991 毫米
枪管长	508 毫米
枪口初速	975 米／秒
有效射程	550 米
弹容量	10/20/30 发

击步枪。该枪是第一种使用 5.56 毫米口径的步枪，被誉为开创小口径化先河的步枪。时至今日，民用版本的 AR-15 和其改型由多家公司制造，并受到世界范围内射击运动爱好者以及警察们的青睐。

枪体构造

　　AR-15 突击步枪采用导气管式自动方式，当安装一个全新的上机匣，特别是当它设计为可以使用不同口径弹药时，下机匣可能也需要根据这种转换进行一定的修改。合成的枪托和握把不容易变形和破裂。该枪模块化的设计使得多种配件的使用成为可能，并且带来维护方便的优点。

AR-15 突击步枪不完全分解图

性能解析

AR-15 突击步枪具有小口径、精准、高弹速的特点，同许多其他的小口径武器一样，AR-15 在枪膛有水的时候开火会造成枪管破裂。在 AR-15 步枪侵入水中或者怀疑枪管内有水时，建议将它退弹，枪口朝下，将装弹手柄拉向后方，以使其可以排净积水。

AR-15 突击步枪及配件

服役记录

在美国，AR-15 突击步枪主要服役于特种武器和战术部队、美国国家税务局刑事调查部和执法部门。其他国家也有装备 AR-15，由国防的特种部队使用。

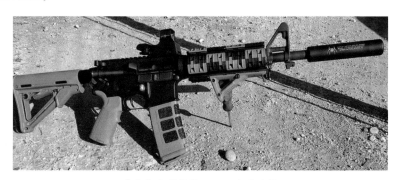

装有多个附件的 AR-15 突击步枪

10 秒速识

　　AR-15 突击步枪机匣由航空级铝材制成，AR-15 半自动和全自动的改型外观上是没有区别的。全自动改型具有一个选择射击的旋转开关，可以让使用人员在三种设计模式中选择：安全、半自动、以及依型号而定的全自动或三发连发。在半自动改型中，这个开关只能在安全和半自动模式中选择。

黑色涂装的 AR-15 突击步枪

AR-15 突击步枪后侧方特写

美国 AR-18 突击步枪

AR-18 是阿玛莱特公司于 1963 年由 AR-15 步枪改进而成的一款突击步枪。

研发历史

20 世纪 50 年代末，阿玛莱特公司研发出了 AR-15 突击步枪。在美军长时间测试 AR-15 期间，阿玛莱特公司放弃了这个设计，并将其生产权卖给柯尔特公司。

基本参数	
口径	5.56 毫米
空枪重量	3 千克
全长	965 毫米
枪管长	457 毫米
枪口初速	991 米／秒
有效射程	460 米
弹容量	20/30/40 发

后来，美军决定采纳发射 5.56 毫米弹药的 AR-15 突击步枪，而阿玛莱特也开始寻求可以与 AR-15 匹敌的设计。但尤金·斯通纳已经离开公司，所以任务就交给了阿玛莱特新任的首席设计师亚瑟米勒。最后产生的设计被命名为 AR-18。设计师亚瑟米勒于 1969 年获得该枪的专利。

AR-18 突击步枪右侧方特写

枪体构造

AR-18 步枪采用气体传动运作，但是它是以瓦斯筒承接瓦斯，然后推动连杆，将枪机往后推动完成枪机开锁，AR-18 突击步枪的结构与 AR-15/M16 系列步枪不同，反而与 M14 自动步枪有些类似，只是拉柄与活塞连杆不是一个总成。这个短行程活塞传动结构后来被许多新型步枪沿用，其优点就是可以延迟或者部分规避不良弹药在射击燃烧时所形成的严重积碳。

AR-18 突击步枪局部特写

服役记录

在美国，AR–18 突击步枪主要用作测试，但是也被一些特种武器和战术部队所采用。不同于 AR–15/M16，AR–18 没有得到长足的发展，没有被任何军队大量采用。AR–18 并不是因为它的基本设计有任何重大缺陷，而是因阿玛莱特缺乏市场营销能力。

AR-18 突击步枪左方特写

10 秒速识

AR–18枪身铭文"AR 18 ARMALITE"标于手枪握把上,"ARMALITEAR–18 PATENTS PENDING"标于弹匣槽左侧,序列号标在机匣后方顶部、机匣左侧或弹匣槽上。

AR-18 突击步枪左侧方特写

AR-18 突击步枪上方视角

美国巴雷特 REC7 突击步枪

REC7 是在 M16 突击步枪和 M4 卡宾枪的基础上改进而成的突击步枪,

由巴雷特公司生产。

研发历史

REC7 于 2004 年开始研发，采用 6.8
毫米口径。不同于以往的 M4/M16 取代
方案（如被取消的 XM8），REC7 并非
是一支全新设计的步枪，它只是用巴雷特
公司生产的一个上机匣搭配上普通 M4/

基本参数	
口径	6.8 毫米
空枪重量	3.46 千克
全长	845 毫米
枪管长	410 毫米
枪口初速	750 米 / 秒
有效射程	600 米
弹容量	30 发

M16 的下机匣而成，所以能够和 M4、M16 共用大多数零部件，也能轻易
地安装在美军正在使用的 M4、M16 步枪上。

枪体构造

巴雷特 REC7 采用直接导气式自动原理，枪机回转式闭锁机构，双弹
簧抽壳机构，两道火扳机。护木采用 SIR 导轨系统，平顶型机匣便于使用
光学瞄准具，也设置有备用的砚孔式可折叠的机械瞄具。枪管外径增大，
导气箍也作了调整，没有采用传统的枪管上开槽，而是在导气箍上安装凸耳，
凸耳兼作准星座，导气箍采用转轴安装，以确保导气箍正确到位，避免开
接口槽对枪管壁厚的不利影响。由于 6.8 毫米 SPC 弹的枪口冲量比 5.56 毫
米弹大，因此安装了枪口制退装置。配用消声器的接口为导气箍的一部分，
据说是巴雷特公司的专利设计，安装消声器时，将滚花的护环去掉后再将
消声器拧上，通过一个簧压锁键将消声器锁定到位，需要解脱时只需压下
一个按钮。

REC7 突击步枪局部特写

性能解析

REC7 无论是否加装消声器，都拥有较高的精度以及可靠性，这在近距离短管枪械中是比较少见的。在单发发射过程中，枪械的控制性能非常舒适，其强有力的后坐缓冲系统能很好地抑制射击时的后冲力。REC7 突击步枪采用了新的 6.8 毫米雷明顿 SPC(6.8×43 毫米) 弹药，其长度与美军正在使用的 5.56 毫米弹药相近，因此可以直接套用美军现有的 STANAG 弹匣。6.8 毫米 SPC 弹在口径上较 5.56 毫米弹药要大不少，装药量也更多，其停止作用和有效射程比后者要强 50% 以上，虽然枪口初速比 5.56 毫米弹药稍低，但其枪口动能为 5.56 毫米弹药的 1.5 倍。

REC7 突击步枪前侧方特写

服役记录

REC7 突击步枪的主要用户是美国特种作战司令部，该枪也有出口到其他国家，其中在波兰服役的 REC7 步枪被行动应变及机动组所采用。

REC7 突击步枪上方视角

枪展上的 REC7 突击步枪

10 秒速识

REC7 机匣顶部的皮卡汀尼导轨系统为分段式设计，且各段导轨不在一条直线上。导气箍上有凸耳，装有枪口制退装置，平顶型机匣。

俄罗斯 AK-47 突击步枪

AK-47 是由苏联著名枪械设计师米哈伊尔·季莫费耶维奇·卡拉什尼科夫设计的一款突击步枪。

研发历史

1941 年苏德战争爆发后，卡拉什尼科夫在一次战斗中，由于所乘坦克被德军炮火击中，身负重伤的他被送到后方的陆军医院抢救。在医院中和战友们的谈话激发了他设计全新自动步枪的念头，之后几

基本参数	
口径	7.62 毫米
空枪重量	4.3 千克
全长	870 毫米
枪管长	415 毫米
枪口初速	710 米／秒
有效射程	300 米
弹容量	30 发

经周折终于促成了 AK-47 的诞生。该枪在 1947 年定为苏联军队制式装备，1949 年最终定型并投入批量生产。世界上至少有 82 个国家装备 AK-47 系列，并有许多国家进行了仿制或特许生产。它是全球局部战争中使用人数最多的武器，几乎遍布世界各地，目前仍有不少国家使用。

AK-47 突击步枪及配件

枪体构造

　　AK–47 突击步枪采用气动式自动原理，导气管位于枪管上方，通过活塞推动枪机动作，回转式闭锁枪机。AK–47 的击发机构为击锤回转式，发射机构直接控制击锤，实现单发和连发射击，发射机构主要由机框、不到位保险、阻铁、扳机、快慢机、单发杠杆、击锤、不到位保险阻铁等组成。AK–47 发射 7.62x39 毫米 M43 中间型威力枪弹，由容量为 30 发子弹的弧形弹匣供弹。

AK-47 突击步枪及弹匣

性能解析

　　与二战时期的步枪相比，AK–47 突击步枪射程较短（约 300 米）、火力强大，适合较近距离的突击作战的战斗。它的枪机动作可靠，即使在连续射击时或有灰尘等异物进入枪内时，它的机械结构仍能保证它继续工作。

装有刺刀的 AK-47 突击步枪

在沙漠、热带雨林、严寒等极度恶劣的环境下，AK-47 突击步枪仍能保持相当好的性能。此外，该枪结构简单，易于分解、清洁和维修。

衍生型号

型 号	特 点
AK-47 第 1 型	最早期版本，机匣采用压削方法生产
AK-47 第 2 型	压削机匣、木质枪托及护木、枪管镀铬
AK-47 第 3 型	简化了机匣的机械加工方法及钢材消耗
AKS-47	AK-47 的金属折叠枪托版本

AK-47 第 3 型

服役记录

苏联将 AK-47 系列步枪及其制造技术输出到世界各地。由于 AK-47 和其改进型令人惊奇的可靠性，结构简单，坚实耐用，物美价廉，威力巨大，使用灵活方便，许多第三世界国家甚至西方国家的军队或者反政府武装都广泛使用 AK-47 系列步枪。而美军在海湾战争和伊拉克战争期间缴获 AK-47 步枪更像是一种收集战利品的行为而不是作战需要。在伊拉克战争中萨达姆·海珊政权被推翻后，由美国代为受训的伊拉克新军既使用美制枪械也使用 AK-47 步枪。

10 秒速识

AK-47 枪管与机匣螺接在一起，枪身短小，拉机柄位于机匣右侧，有固定式木质枪托和折叠式金属枪托两种，拥有轻金属的新型弹匣，保险 / 快慢机柄在机匣右侧。

AK-47 突击步枪分解图

AK-47 突击步枪右侧方特写

俄罗斯 AKM 突击步枪

AKM（Avtomat Kalashnikov Modernizirovannyi，卡拉什尼科夫自动步枪改进型）是由卡拉什尼科夫在 AK-47 基础上改进而来的突击步枪。

研发历史

AKM 于 1959 年投产，逐渐取代 AK-47 成为苏联军队的制式步枪。作为 AK-47 突击步枪的升级版，AKM 突击枪更实用，更符合现代突击步枪的要求。在冷战期间苏联为了增加其影响力而把 AKM 及大量苏制武器出口到世界各地，

基本参数	
口径	7.62 毫米
空枪重量	3.15 千克
全长	876 毫米
枪管长	369 毫米
枪口初速	715 米／秒
有效射程	1000 米
弹容量	30 发

一些国家更获允在本土特许生产及改良。许多华沙条约国家及苏联在亚洲和非洲的盟友皆有采用 AKM 突击步枪。

AKM 突击步枪及刺刀

枪体构造

　　AKM 弹匣能与原来的钢制弹匣通用，后期还研制了一种玻璃纤维塑料压模成型的弹匣，也可以完全通用。卡拉什尼科夫在 AKM 的击锤上加装了一个减速器，目的是降低击锤的释放速度，防止击锤先击打到尚未完全复进到位的枪机后才碰触到击针而导致的发火不良和击锤寿命下降的问题。早期的 AKM 使用与 AK–47 类似的枪口帽以保护枪口螺纹，但很快被一个斜切口形枪口装置取代（向右上开口），以抑制枪口跳动及提高连发射击时的散布精度。

AKM 突击步枪及配件

性能解析

　　由于采用了许多新技术，改善了不少 AK 系列的固有缺陷，AKM 比AK–47 更实用，更符合现代突击步枪的要求。AKM 扳机组上增加的"击锤延迟体"，从根本上消除了哑火的可能性。在试验记录上，AKM 未出现一次因武器方面引起的哑火现象，可靠性良好。AKM 已经成为至今为止 AK枪族之中生产量最高及影响力最大的成员之一。

衍生型号

型　号	特　点
AKMS	金属折叠枪托的改进型
AKMSU	装有金属折叠枪托的 AKMS 短枪管型
AKMN	附有夜视瞄准镜导轨的型号

AKM 突击步枪上方视角

服役记录

　　AKM 在苏阿战争及苏联解体后的两次车臣战争当中仍然被俄军士兵及特种部队广泛地使用，主要原因是俄军士兵普遍认为 AKM 所用的 7.62×39 毫米中间型威力子弹比起 AK-74 所用的 5.45×39 毫米小口径子弹在城市战中更为有效，而且发射 5.45×39 毫米枪弹的枪械并不适用于完成许多战术任务，在远距离上小口径子弹又缺乏足够的杀伤力，遭到部队的质疑。时至今日，AK-74 虽然已成为俄军的制式步枪多年，然而 AKM 和 AKMS 仍被俄军第二线部队、特种部队及部分执法机构（例如：特别用途机动单位及特别即时反应单位等）所使用。

10 秒速识

AKM 枪托、护木和握把是树脂合成材料制造，枪机和枪机框表面经磷化处理，机匣两侧各有一个很小的弹匣定位槽，活塞筒前端有 4 个半圆形缺口，护木上有手指槽。

俄罗斯 AK–74 突击步枪

AK–74 是卡拉什尼科夫于 20 世纪 70 年代在 AKM 基础上改进而来的，是苏联装备的第一种小口径突击步枪。

研发历史

20 世纪 60 年代至 70 年代，由于美国 M16 突击步枪的成功，许多国家都纷纷研制小口径步枪。鉴于小口径枪弹的综合性能高于 7.62 毫米中间威力型弹，苏联也开始研制新型的小口径步枪弹及武

基本参数	
口径	5.45 毫米
空枪重量	3.3 千克
全长	945 毫米
枪管长	415 毫米
枪口初速	900 米／秒
有效射程	800 米
弹容量	30/60/100 发

器，AK–74 突击步枪和 1974 型步枪弹 (5.45×39 毫米) 因此而生。该枪在 1974 年开始设计，同年 11 月 7 日在莫斯科红场阅兵仪式上首次露面，随后成为苏联军队制式装备。

AK-74 突击步枪上方视角

枪体构造

AK-74 虽然由 AKM 改良而成，但也加入了许多新的设计，由于改用了 5.45 毫米口径的子弹，枪管口径与膛室也要修改，枪口也换上了大型的枪口制退器，这一款枪口制退器除了有助于减少后坐力外，也有效将发射声音往前方扩散。AK-74 使用小口径弹药并加装了枪口装置，但是枪口装置导致枪口焰比较明显，尤其是在黑暗中射击。

AK-74 突击步枪分解图

性能解析

　　与 AK–47 和 AKM 相比，AK–74 的口径减小，射速提高，后坐力减小。AK–74 是一把优秀的突击步枪，它使用方便，即使是未经过训练的人都能很轻松地进行全自动射击，而且散布精度比其他同类枪械要高。

黑色涂装的 AK-74 突击步枪

衍生型号

型　号	特　点
AKS–74	用于装备空降部队的折叠枪托版本
AK–74M	玻璃纤维塑料护木及折叠枪托
AKS–74U	AKS–74 的短枪管突击型、口径相同
RPK–74	AK–74 的长、重枪管型

AKS-74U 突击步枪

服役记录

AK-74 的使用已有 30 余年，经受了阿富汗战争和车臣战争的实战考验。AK-74M 为俄罗斯现役制式步枪，其他执法部门亦有采用。而目俄罗斯政府还打算为军方和执法机构的 AK-74M 逐步升级，以达到现代化水平，并出售多余、老旧的步枪。

AK-74 突击步枪右侧方特写

10 秒速识

AK-74 在外形上基本与 AK-47 一致，最大的区别是 AK-74 有结构复杂的圆柱形枪口制退器。

AK-74 突击步枪及配件

俄罗斯 AK-12 突击步枪

AK-12 是伊兹马什公司针对 AK 枪族的常见缺陷而改进的现代化突击步枪，该枪是 AK 枪族的最新成员。

研发历史

由于老式的 AK 系列步枪已经逐渐落伍，所以俄罗斯军队希望装备一种新型步枪。伊兹马什公司为此推出 AK-200 突击步枪计划，并于 2011 年进行测试，但性能完全没有提高。之后伊兹马什公司停

基本参数	
口径	5.45 毫米
空枪重量	3.3 千克
全长	945 毫米
枪管长	415 毫米
枪口初速	900 米／秒
有效射程	800 米
弹容量	30/60/100 发

止了对 AK-200 的研制，转而开发 AK-12。该枪于 2012 年年初正式亮相，并于当年完成初步测试。国家级验收测试于 2013 年初开始，在验收测试结束后正式进行批量生产。

AK-12 突击步枪前侧方特写

枪体构造

　　AK–12 的原型 AK–200 是以 AK–74M 为基础，加上经过改进的外部设计，其中最大的改进是在机匣盖后端和照门的位置增加了固定装置，以便安装 MIL–STD–1913 战术导轨桥架后避免射击时跳动。此外，在该枪的护木上也整合了战术导轨，以便能安装对应的多种模块化战术配件。AK–12 的操作原理虽然是传统型卡拉什尼科夫样式长行程活塞气动式和转栓式枪机闭锁机构，但重新设计了其枪机系统。其拉机柄也有所改变，从枪机杠的下方改成在上方且位置前移，而且不再与枪机机框呈现一体化式设计，而是改为可拆卸式，并可以根据使用者的喜好安装于左右其中一侧。

　　在改进为 AK–12 以后，许多结构和细节都进行了重新设计。虽然仍被称为卡拉什尼科夫系列自动步枪，但实际上该枪的设计已经与卡拉什尼科夫步枪迥异了。

AK-12 突击步枪分解图

性能解析

　　AK–12 可通过安装不同的枪管和其他部件，衍生出多种分别发射不同口径的子弹、能够适应各种战斗任务的型号，包括步枪和机枪。但 AK–12 的模块化设计并不是为了方便一般士兵于野战条件下自行转换口径或武器类型，而是为了更容易生产作为不同武器类型。

装有弹鼓的 AK-12 突击步枪

衍生型号

型　　号	特　　点
PPK–12	冲锋枪型
AKU–12	短管卡宾枪型
RPK–16	班用自动武器型
SVK–12	精确射手步枪型
AK–12∕76	12 号口径霰弹枪

服役记录

　　AK–12 被俄罗斯联邦军队的精锐单位所采用，以作为"勇士"单兵作战系统的一部分。而一般俄军士兵则将继续装备 AK–74M 直至 2020 年。有资料称，俄军目前已接收超过 80 000 套"勇士"单兵作战系统，并将会在未来采购更多。AK–12 步枪的潜在客户还有非洲、亚洲、中东以及南美洲的各个国家。

参与展览的 AK-12 突击步枪

10 秒速识

2014 年版本的 AK-12 样枪两侧设置的快慢机标记由俄文字母和数字组合改为枪弹形状图形，而且图形呈半圆弧状排列在快慢机周围。2015 年版本的 AK-12 样枪上的快慢机杆则是有所延长，快慢机标记上移回机匣盖并刻印于其底部，4 个标记位置更集中而且标记刻印得更规整、更清晰。

AK-12 突击步枪右侧方特写

俄罗斯 AN-94 突击步枪

AN-94 是一款俄罗斯现役的现代化小口径突击步枪，由根纳金·尼科诺夫于 1994 年研制。

研发历史

AK-74 小口径步枪问世以后，根据历次战斗经验，士兵们反映该枪的精度不能令人满意。于是，国防部又计划重新研制一种全新的自动步枪，第一代步枪计划被命名为"阿巴坎"。经过一系列测试后，

基本参数	
口径	5.45 毫米
空枪重量	3.85 千克
全长	943 毫米
枪管长	405 毫米
枪口初速	900 米／秒
有效射程	700 米
弹容量	30/45/60 发

根纳金·尼科诺夫工程师领导的设计小组获得成功，其成果就是 AN-94 突击步枪。AN-94 于 1994 年开始设计，1997 年 5 月 14 日正式列装。

AN-94 突击步枪左侧方特写

枪体构造

AN-94 采用回旋闭锁式枪机，以及导气式与枪管短后坐式混合自动机原理。与 AK-74 相比，AN-94 增加了高精度的 2 发点射模式，可以 1800

发／分的理论射速实施两发点射，并通过延迟枪机后坐，使枪机在实现两次射击循环、完成 2 发高频点射后才后坐到位。受良好训练的射手甚至在使用两发点射模式进行 100 米打靶时做到两发子弹穿过同一个孔。AN-94 的机械瞄具采用了柱状准星和觇孔照门。照门安装在枪托后上端，不同高度的孔呈星形分布，孔里可安装发光源，有助于射手在黎明薄暮或光线不好的环境下命中目标。装定射程时，要在机匣顶端旋转星号和设定被需要的孔。准星有方形护圈保护，准星旁也有发光源，准星本身可以调整风偏和高低。

AN-94 突击步枪分解图

性能解析

AN-94 的精准度极高，在 100 米距离上站姿无依托连发射击时，前两发弹着点距离不到 2 厘米，远胜于 SVD 狙击步枪发射专用狙击弹的效果，甚至不逊于以高精度著称的 SV98 狙击步枪。但这种高精准度却并非是所有士兵都需要的，对于俄罗斯普通士兵来说，AN-94 的两发点射并没有多大帮助。而且现代战争中突击步枪多用于火力压制，AN-94 与 AK-74 所发挥的作用并没有太多差别。

AN-94 突击步枪示意图

服役记录

在 1999 年 8 月车臣战争中，首次使用 AN–94 的俄罗斯海军陆战队士兵都说它"棒极了"。由于经费限制，至今 AN–94 只少量装备于陆军、俄罗斯联邦司法部所属的特别用途单位和内务部特种部队。

10 秒速识

AN–94 最显著的特征是枪身、弹匣大量采用玻璃纤维增强的黑色聚酰胺材料、向右侧倾斜约 15 度的弹匣和旋转式觇孔照门。

展览中的 AN-94 突击步枪

德国 StG44 突击步枪

StG44 突击步枪 (Sturmgewehr 44) 是德国在二战时期研制并装备的一款突击步枪,是现代步兵史上划时代的成就之一。

研发历史

实验证明,20 世纪初的标准步枪弹药对自动步枪来说威力过大,在连发射击时很难控制精度,而且这种步枪子弹的重量也较大,不利于单兵携带。于是德国陆军在 20 世纪 30 年代后期开始研究一种威力稍小的短药筒弹药,以便能更好

基本参数	
口径	7.92 毫米
空枪重量	4.62 千克
全长	940 毫米
枪管长	419 毫米
枪口初速	685 米 / 秒
有效射程	300 米
弹容量	30 发

地对应全自动步枪。1941 年,德国经过反复实验后成功研制出一种规格为 7.92×33 毫米的短药筒弹药,后来被称为中间型威力枪弹。之后,基于这种弹药的新型自动步枪也很快被研制出来,即 StG44 突击步枪。

枪体构造

StG44 中间型威力枪弹和突击步枪的概念对轻武器的发展有着重要的影响。StG44 采用气导式自动原理,枪机偏转式闭锁方式;枪弹击发后,少部分气体顺着枪管上的小孔,经过导气管导入机夹,用以推动枪机向后,完成抛壳、重新上膛、再击发。枪械设计有单发闭锁系统,以至于单发射击模式时,于有效射程内有着合理的精确度,也有全自动射击模式以应对突发的近距离作战。全枪大量采用冲压工艺,生产成本较机械加工的低且生产快速,适合大规模生产。

StG44 突击步枪分解图

性能解析

StG44 突击步枪具有冲锋枪的猛烈火力，连发射击时后坐力小易于掌握，在 300 米距离内拥有良好的射击精度，威力也接近普通步枪，而且重量较轻，便于携带。该枪成功地将步枪与冲锋枪的特性相结合，受到德国前线部队的广泛好评。

服役记录

在冷战期间苏联和其他东方阵营国家向一些友好国家和反政府游击队提供了大量在二战期间缴获的德军枪械和弹药，其中也包括了 StG44。其中法军在阿尔及利亚发现了大量 StG44，他们确定这批武器是来自捷克斯洛伐克。美军亦曾于伊拉克叛军及民兵手上缴获过 StG44。

StG44 突击步枪及子弹

10 秒速识

StG44 突击步枪拥有弧形弹匣，瞄准装置包括球形准星，带护圈，觇孔式照门，后期出现试用型夜视瞄具。

StG44 突击步枪局部特写

德国 HK G36 突击步枪

HK G36 是德国黑克勒·科赫公司 (HK) 在 1995 年推出的一款现代化突击步枪。

研发历史

20 世纪 90 年代，在世界上主要国家特别是北约组织的军队都已使用 5.56 毫米口径步枪的情况下，德国联邦国防军也提出了新的制式步枪计划，用以替换 7.62 毫米口径 HK G3 突击步枪。经过评选，黑克勒·科赫公司的 HK50 最终胜出，军用代号被设为 Gewehr 36(36

基本参数	
口径	5.56 毫米
空枪重量	3.63 千克
全长	999 毫米
枪管长	480 毫米
枪口初速	920 米／秒
有效射程	450 米
弹容量	30／100 发

号步枪），简称 G36。该枪在 1995 年被采用，1997 年成为德军制式步枪。

HK G36 突击步枪侧面特写

枪体构造

HK G36 大量采用了以不锈钢为骨架的玻璃钢加强复合材料，因此武器重量较轻。HK G36 采用转栓式枪机、短行程活塞导气系统设计，比 M16 突击步枪的气动系统更可靠，清枪次数可大为降低。另外，虽然弹匣与 SIG SG 550 突击步枪外观上相似，但两者不可通用。所有型号的 G36 皆附有折叠枪托，折叠时不妨碍排壳口运作，枪机拉柄左右手皆可操作。机匣以玻璃纤维聚合物制造，清枪分解时无须专用工具。

HK G36 突击步枪示意图

性能解析

　　HK G36 突击步枪的精度和稳定性相较于同类步枪来说较为稳定，且射速较高，带瞄准镜，在户外作战或城市作战都很好，非常适合新手使用。

HK G36 突击步枪上方视角

衍生型号

型　号	特　点
G36K	3 倍光学瞄准镜、红点瞄准镜
G36KV	挪威军队专用型
G36C	紧凑／突击型
MG36	轻机枪型
G36E（V）	出口型
G36KE（K）	出口短型
MG36E	出口轻机枪型

服役记录

　　HK G36 是多个国家军队及警队的武器，包括英国各个应变部队、法国警察总署特勤队、葡萄牙共和国民警卫、荷兰警队、波兰警察 (G36C、G36E)、美国国会警察及洛杉矶警局 (之后被 HK416 取代) 及葡萄牙海军陆战队等。2015 年 4 月 22 日，德国联邦国防部正式宣布不再采购和使用 HK

G36，并尽快将其替换。

黑包涂装的 HK G36 突击步枪

10 秒速识

　　在 HK G36 上，采用金属部件的是枪管、导气装置、枪机组件、复进簧、连接销、机匣导轨和一些击发机构内的小部件，而机匣、枪托、护木、提把和扳机座都是采用由特殊的高强度注射成形的聚酰胺（尼龙 66），并有碳纤维微料增强。冷锻的枪管由抗腐蚀的铬钢制成，膛内镀铬，外表作哑光的黑色铝化处理。HK G36 配备 30 发透明塑料弹匣，弹匣上附有弹匣连接扣，亦对应专用的 Beta C–Mag 100 发弹鼓。

德国 HK416 突击步枪

HK416 是黑克勒·科赫公司结合 HK G36 突击步枪和 M4 卡宾枪的优

点设计而成的一款突击步枪。

研发历史

HK416 项目负责人为美国"三角洲"特种部队退伍军人拉利·维克斯（Larry Vickers），该项目原本称为 HKM4，但因柯尔特公司拥有 M4 系列卡宾枪的商标专利，所以黑克勒·科赫将其改称为

基本参数	
口径	5.56 毫米
空枪重量	3.02 千克
全长	797 毫米
枪管长	264 毫米
枪口初速	788 米／秒
有效射程	300 米
弹容量	20/30 发

"416"。由于 HK416 沿用了很多 M16 枪系结构，且外形也与之相似，所以对用惯 M16 枪系的人来说很容易上手。

HK416 突击步枪左后方特写

枪体构造

HK416 突击步枪采用了 HKG36 突击步枪的短冲程活塞传动式系统，为了承受新传动系统带来的压力，枪管壁也较厚。可调式的活塞系统使得短枪管模组（无论有没有安装枪口消音器）更为可靠。枪托底部设有降低后坐力的缓冲塑料垫，机匣内有泵动活塞缓冲装置，有效减少后坐力和污垢对枪机运动的影响，从而提高武器的可靠性，另外亦设有备用的新型金属照门。黑克勒·科赫亦同时推出高可靠性的新型 30 发钢制 STANAG 弹匣，可与旧式铝制弹匣通用。

HK416 突击步枪不完全分解图

性能解析

　　实验证明，HK416 在多种极端环境下，不同类型的枪管、不同类型的弹药、安装或不安装消声器所表现出来的可靠性都比 M16 系列高，甚至可以在水下射击，美军同级枪械 M4A1–CQBR、M16A4 只要枪机进水，就会炸膛，而 HK416 就完全没有问题，而且射击时几乎没有热量和火药燃气（污物）传至枪机。

HK416 突击步枪上方视角

衍生型号

型　号	特　点
HK417	HK416 改为发射 7.62 × 51 NATO 的版本
MR223	半自动民用型
MR556	在美国发售的半自动民用型
HK416C	卡宾枪版本，类似 G36C
HK416A5	增加了气体调节器
HK416F	HK416A5 针对法军要求改良的型号

HK416F 突击步枪

服役记录

　　美国陆军三角洲特种部队和非对称作战大队以及美国海军特种作战研究大队有少量购买 HK416，以测试替换 M4 卡宾枪的可能性，但其后美国陆军宣布不会大量采用 HK 416，这数百支 HK416 至今仍被使用，但军方仍认为特种部队应该采用官方通用武器。

HK416 突击步枪

　　2016 年 10 月，法国军队宣布将会采用 HK416F 为新型制式步枪，以

取代自 1970 年起装备至今的 FAMAS。这令法国成为继挪威后第二个以
HK416 做主要制式步枪的国家。

10 秒速识

　　HK416 的外形特点有保险选择钮的"保险"、"半自动"、"全自动"使
用国际通用图示，伸缩枪托，枪托底板可以转动，一体成形的战术鱼骨护木。
HK416 的大部分部件是以铝合金材质制成，与 AR-15 系列的枪型类似。

HK416 突击步枪正面特写

法国 FAMAS 突击步枪

　　FAMAS 是法国军队及警队的制式突击步枪，也是世界上著名的无托式
步枪之一。

研发历史

　　FAMAS 由法国轻武器专家保罗·泰
尔于 1967 年开始研制，法国研制该枪的
指导思想是既能取代 MAT49 式 9 毫米冲
锋枪和 MAS 49/56 式 7.5 毫米步枪，又
能取代一部分轻机枪。该枪在 1967 年开

基本参数	
口径	5.56 毫米
空枪重量	3.8 千克
全长	757 毫米
枪管长	488 毫米
枪口初速	925 米／秒
有效射程	450 米
弹容量	25 发

始设计，1971 年推出原型，1978 年成为法军制式突击步枪。

2017 年 5 月 3 日，法国防务采购局（DGA）为法国陆军采购的首批 400 支 HK416F 突击步枪（"F"代表法国）正式到货。最终将会替代目前法国陆军装备的主力——FAMAS 无托式突击步枪。根据法国有关协议，HK 要在 2019 年之前为法国陆军提供 102000 把突击步枪，与一万多把枪榴弹发射器（HK269F），还有 15 年的维护合约。

FAMAS 突击步枪右侧方特写

枪体构造

FAMAS 突击步枪采用闭锁待击，自动原理是延迟后坐式。该枪采用"无托"结构，故扳机位于击锤前方，并离击锤有相当一段距离，两者用一根长的连杆连接，扣压扳机即带动连杆向前运动。

枪弹击发后，膨胀的火药气体的压力迫使弹壳向后抵压在枪机的弹底窝平面上，膛内压力作用到机头端面，使机头、延迟杠杆、机框闭锁端面紧紧地挤一起，延迟杠杆不能转动，机框不能向后运动。枪机开始向后运动，枪机后座的作用力使得延迟杠杆向后旋转。此时，弹膛内的后效期压力就驱使弹壳和枪机一起迅速向后运动。于是，枪机、机框和活塞一起后座，压缩复进簧。弹壳一旦脱离弹膛，便在抛壳挺的撞击下绕拉壳钩转动，随后自贴腮对面的抛壳口飞出。机框的尾端撞击缓冲器，将缓冲簧压缩。然后，机框和枪机在复进簧的作用下开始复进，重复上述工作循环。

性能解析

不管是在近距离的突发冲突还是中远距离的点射，FAMAS 突击步枪都有着优良的表现。该枪有单发、三发点射和连发三种射击方式，射速较快，弹道非常集中。不过，FAMAS 突击步枪的子弹太少，火力持续性差。瞄准基线较高，如果加装瞄准镜会更高，不利于隐蔽。此外，其枪膛靠后，离射手头部较近，发射时噪音大，抛出的弹壳和烟雾会影响射手。

装有刺刀的 FAMAS 突击步枪

衍生型号

型　号	特　点
FAMAS　F1	最早期设计
FAMAS　G1	F1 的改进型，使用 25 发直弹匣
FAMAS　G2	基于 G1 的改进型，使用 30 发 STANAG 弹匣
FAMAS　Félin	法军的未来单兵战斗系统的改进版本

服役记录

　　FAMAS 突击步枪在 1991 年参与了沙漠风暴行动及其他维持和平行动，法国军队认为 FAMAS 突击步枪在战场上非常可靠。塞内加尔及阿拉伯联合酋长国均从法国小批量进口了 FAMAS F1 突击步枪，吉布提也以 FAMAS F1 突击步枪作为步兵制式武器。

搭在两脚架上的 FAMAS 突击步枪

10 秒速识

FAMAS 突击步枪整个枪体是在玻璃钢骨架上浇铸树脂，钢制的零件都进行了表面磷化处理。轻合金制成的机匣则进行了阳极化处理，黑色塑料制作的下护木连接着枪管和机匣，板机机构和手枪形握把也是安装在下护木上，这是无托结构的典型特征。

FAMAS 突击步枪正面特写

奥地利 AUG 突击步枪

AUG 是由奥地利斯泰尔·曼利夏公司（Steyr Mannlicher）于 1977 年推出的一款军用突击步枪。

研发历史

AUG 突击步枪于 20 世纪 60 年代后期开始研制的史上首次正式采用犊牛式设计的军用步枪，"AUG"是德文"Armee-Universal-Gewehr"的缩写，意为即"陆军通用步枪"，其目的是替换

基本参数	
口径	5.56 毫米
空枪重量	3.6 千克
全长	790 毫米
枪管长	508 毫米
枪口初速	970 米／秒
有效射程	500 米
弹容量	30 发

当时奥地利军方采用的 Stg.58 自动步枪（FN FAL）。原计划发展步枪、卡宾枪和轻机枪这 3 种枪型，后来又增加了冲锋枪。1977 年正式被奥地利陆军采用（命名为 Stg.77），1978 年开始批量生产。

黑色涂装的 AUG 步枪

枪体构造

AUG 突击步枪犊牛式的设计使得全长在不影响弹道表现下缩短了 25%（与其他有同样枪管长度的步枪相比），多数的机型配有 1.5 倍光学瞄准镜。它是当时少数拥有模组化设计的步枪，其枪管可快速拆卸，并可与枪族中的长管、短管、重管互换使用。其控制系统亦可左右对换，释放压力的扳机同时控制射击模式的选择，第一段为半自动射击模式，而扳机继续扣则进入第二段的全自动射击模式。

AUG 突击步枪不完全分解图

性能解析

在奥地利军方的对比试验中，AUG 突击步枪的性能表现可靠，而且在射击精度、目标捕获和全自动射击的控制方面表现优秀，与 FN CAL（比利时）、Vz58（捷克）、M16A1（美国）等著名步枪相比毫不逊色。由于优良的设计、品质及美观外形，AUG 突击步枪一直深受军用及民用使用者的喜爱。

衍生型号

型 号	特 点
Steyr AUG A1	标准型，绿色
Steyr AUG A2	可拆卸式瞄准具
Steyr AUG A3	配"Mil Std 1913"战术导轨组件
Steyr AUG P	AUG A1 的短管版本
Steyr AUG P Special Receiver	AUG P 的战术导轨版本
Steyr AUG 9 毫米（AUG SMG / AUG Para）	9 毫米 NATO 子弹的冲锋枪版本
Steyr AUG M203	装有 M203 榴弹发射器
Steyr AUG HBAR	重枪管自动步枪型
Steyr AUG LMG	轻机枪型，配用 42 发弹匣
Steyr AUG HBAR T	重枪管精确射击型
Steyr AUG Z	半自动民用型
Steyr USR	美国市场专用，半自动民用型

Steyr AUG A2 突击步枪

服役记录

除了奥地利、爱尔兰、澳洲、新西兰和沙特阿拉伯等国的军队外，比利时 ESI 特警队、爱沙尼亚特别行动队、法国国家宪兵干预队、德国的特别行动突击队、印度尼西亚、罗马尼亚、泰国、乌克兰特种部队、波兰行动应变及机动组、英国特种空勤团及美国海关署等也有列装 AUG 突击步枪。在 2011 年叙利亚内战当中，自由叙利亚军的战士也取得了一些 AUG 突击步枪并在实战中投入使用。

Steyr AUG A3 突击步枪

10 秒速识

AUG 突击步枪无枪托，塑料枪身，采用半透明弹匣，该枪前小后大，所有的 AUG 突击步枪的瞄准镜、把手都较小。

AUG 突击步枪右侧方特写

比利时 FN FNC 突击步枪

FN FNC 是比利时国营赫斯塔尔公司（FN）在 20 世纪 70 年代中期生产的突击步枪。

研发历史

20 世纪 70 年代中期，为参加北约小口径步枪选型试验，FN 公司在 FN CAL 突击步枪的基础上研制 FN FNC 突击步枪，并于 1976 年造出样枪，不过该枪因在试验中出现故障而竞争失败。后来，

基本参数	
口径	5.56 毫米
空枪重量	3.8 千克
全长	997 毫米
枪管长	450 毫米
枪口初速	965 米／秒
有效射程	450 米
弹容量	30 发

FN 公司针对试验中暴露的问题进行了大量改进。1979 年 5 月，FN FNC 开始投入批量生产。

装有刺刀的 FNC 突击步枪

枪体构造

FN FNC 的导气系统是长行程活塞传动，转栓式枪机类似 AK-47 设计，准确度亦较 FN CAL 突击步枪高。FN FNC 内置直立式枪榴弹发射标尺，调节导气孔后可发射枪榴弹，也可安装 M203 榴弹发射器。击发系统与其他现代小口径突击步枪相似，有半自动、三点发和全自动三种发射方式。

FN FNC 突击步枪及刺刀

性能解析

　　FN FNC 最大特点是能单发、连发射击，并可实施 3 发点射，也可手控进行 1 ~ 3 发射击。有试验表明，FN FNC 步枪在设计上还存在一些问题，如击锤在射击 6800 发弹时断掉，3 发点射机构与击锤的连接轴多次折断，综合试验的故障率高达 0.45%。

衍生型号

型　号	特　点
M 2000	标准型、发射 SS109 弹
M 6000	短枪管型、发射 M193 弹
M 6040	警用型、发射 M193 弹
M 7000	短枪管型、发射 SS109 弹
M 7030	执法部门专用型、发射 SS109 弹

FNC 突击步枪侧方特写

服役记录

比利时国防军于 1989 年正式采用 FNC 为制式步枪，并用作替换服役多年的 FN FAL 自动步枪 。印度尼西亚于 1982 年购入了 10000 支 FNC 步枪装备其空军，并随即向 FN 公司取得生产权于当地授权生产，以供应给其军队使用。

FNC 步枪上方视角

10 秒速识

FN FNC 突击步枪的外形与 FN CAL 突击步枪相似。FN FNC 枪管采用高级优质钢制成，其前部有一圆形套筒。导气箍装在枪管上方，枪口部有特殊的刺刀座。折叠式枪托采用管状铝合金制成，外表面有塑料保护层，中间用塑料支撑块支撑。

比利时 FN F2000 突击步枪

FN F2000 是比利时 FN 公司研制的突击步枪，目前已被不少国家的特种部队采用。

研发历史

FN F2000 的研制工作开始于 1995 年，当时 FN 着手研制一种新的武器系统，考虑到未来特种作战的需要，公司将模块化思想从始至终地贯穿到这个新产品的开发中。为满足士兵在战场环境中容易更换

基本参数	
口径	5.56 毫米
空枪重量	3.6 千克
全长	688 毫米
枪管长	400 毫米
枪口初速	910 米 / 秒
有效射程	500 米
弹容量	30 发

部件来适应不同情况的需求，该枪可以非常方便地更换各个模块，而且为未来可能出现的新型部件留下了接口。FN F2000 的首次亮相是在 2001 年 3 月阿拉伯联合酋长国阿布扎比举行的 IDEX 展览会上。

F2000 步枪前侧方特写

枪体构造

FN F2000 是 FN 唯一一种犊牛式突击步枪，采用可调节气体流量的短行程活塞传动系统，另一种独特设计是采用 P90 的混合式发射模式选择钮及前置式抛壳口，由一段经机匣内部、枪管上方的弹壳槽导引至枪口上抛壳口并向右自然排出，解决了左手射击时弹壳抛向射手面部及气体灼伤的问题。

FN F2000 人控系统安装在框座位置，可用于步枪瞄准，但其主要功能是精确测量并显示目标的距离。将瞄准点对准目标，按一下位于扳机下方的按钮，即可启动一个低功率的激光测距仪，距离便以红色显示在瞄具显示屏上，误差为 1 米。将步枪向上倾斜一定角度，光的颜色便变成了绿色。如果射手想以腰际射击方式发射榴弹，位于人控系统框座顶部的一个部件上将发出 3 种深色红 / 绿光，以便于瞄准。

FN F2000 突击步枪的不完全拆卸

性能解析

FN F2000 在成本、工艺性及人机工程等方面苦下功夫，不但很好地控制了质量，而且平衡性也很优秀，非常易于携带、握持和使用，同样也便于左手使用。FN F2000 使用光学瞄具瞄准非常容易，即使在昏暗环境下，目标图像也比较清晰。前抛壳使点射时没有弹壳抛出。连发射击时，枪身很平稳，后坐力几乎可以忽略不计。

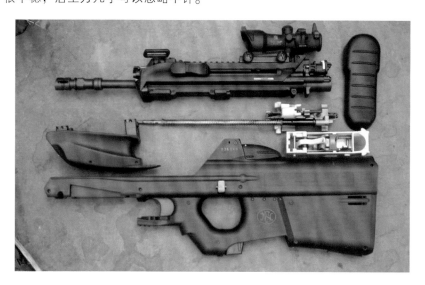

衍生型号

型　　号	特　　点
F2000 Tactical	战术改良型、取消原有的专用瞄准镜
FS2000	最早的半自动民用型
FS2000 Tactical	半自动民用型、2006 年推出的版本

FN FS2000 突击步枪左侧方特写

服役记录

　　FN F2000 目前在少数国家的军队和执法机构中使用，并普遍地分配到了各个特别单位，在比利时主要服役于比利时地面部队及特种部队。

F2000 突击步枪左侧方特写

10 秒速识

　　FN F2000 外表光滑，呈流线型，结构紧凑。机匣上有一个聚合物框座，拉机柄在机匣左侧，附件包括可折叠的两脚架及可选用的装于枪口上的刺刀卡笋。

装有消声器的 F2000 突击步枪

比利时 FN SCAR 突击步枪

SCAR (SOF Combat Assault Rifle，特种部队战斗突击步枪) 是比利时 FN 公司为了满足美国特种作战司令部的 SCAR 标案而研发的现代步枪。

研发历史

SCAR 突击步枪是比利时 FN 公司为了满足美军特战司令部的 SCAR 项目而研发的现代化突击步枪，由 FN 公司美国南加州哥伦比亚厂制造。2004 年 11 月，特种作战司令部正式宣布 SCAR 突击步枪在 SCAR 项目竞争中胜出，并给出第

基本参数	
口径	7.62 毫米 (H)
空枪重量	3.26 千克
全长	965 毫米
枪管长	400 毫米
枪口初速	714 米 / 秒
有效射程	600 米
弹容量	20 发

二批 SCAR 样枪的生产合同。2007 年 9 月至 11 月，美国陆军于亚伯丁测试场对 SCAR 突击步枪进行一项沙尘测试。2008 年，FN 公司宣布半自动版型的 SCAR 突击步枪将有可能向美国民间市场开放销售。

枪体构造

SCAR 的两种版本：轻型 (Light，SCAR-L，Mk 16 Mod 0) 和重型

(Heavy，SCAR-H，Mk 17 Mod 0)。L型发射5.56×45毫米北约弹药，使用类似于M16的弹匣，只不过是钢材制造，虽然比M16的塑料弹匣更重，但是强度更高，可靠性也更好。H型发射威力更大的7.62×51毫米北约弹药，使用FN FAL的20发弹匣，不同枪管长度可以用于不同的模式。

2015年10月，FN公司终于正式展出了他们自己生产的7.62×39毫米口径的SCAR，这是以Mk17 SCAR-H的上机匣，安装一个可以直接使用7.62×39毫米弹匣的下机匣，并更换枪管、枪机等部件组成，但将原有SCAR枪型的"插口式"下机匣安装方式改为"卡口式"以使用7.62×39毫米弹匣，甚至还能直接通用AK-47突击步枪的弹匣。

SCAR突击步枪上方视角

性能解析

无论是SCAR-L，还是SCAR-H，都设计有三种型号，即标准型、近距离战斗型和狙击型，分别用于执行常规任务、近距离战斗任务和远距离精确射击任务。所有这些型号，无论口径和结构如何，都有相同的控制方式、操作方式和维护程序，也可选用相同的附件，例如机械瞄准镜、光学瞄准镜和其他现役和未来的附加设备。

装有配件的 SCAR 突击步枪

衍生型号

型　　号	特　　点
IAR	步兵自动步枪
Mk 20	狙击支援步枪

沙漠迷彩涂装的 SCAR 突击步枪

服役记录

SCAR 突击步枪目前主要应用于比利时联邦警察特别单位、国防军

(L 型正逐步取代 FN FNC) 地面部队特种部队群等，其他国家也有使用 SCAR，例如美国、德国、法国、意大利等。

SCAR 突击步枪右侧方特写

10 秒速识

SCAR 的特征为从头到尾不间断的战术导轨在铝制外壳的正上方排开，两条可拆式导轨在侧面，其外表面都涂有 FS595B 型单一黑色矿物颜料，SCAR-L 与 SCAR-H 使用的弹匣不同，SCAR-L 现在采用 M16 步枪的标准弹匣；SCAR-H 的弹匣从外形看，更像一种改进的 FN FAL 步枪弹匣。

SCAR 突击步枪前侧方特写

捷克 CZ-805 Bren 突击步枪

CZ-805 Bren 是由捷克布罗德兵工厂研制的一款突击步枪，为捷克军队的新型制式步枪。

研发历史

CZ-805 Bren 突击步枪于 2009 年首次向公众展示，2010 年被捷克军队选定为下一代的制式军用步枪，并向布罗德兵工厂发出生产合同。CZ-805 Bren 是一款具有现代化外观的模组化单兵武器，它

基本参数	
口径	5.56、7.62 毫米
空枪重量	3.6 千克
全长	910 毫米
枪管长	360 毫米
射速	760 发 / 分
有效射程	500 米
弹容量	30 发

虽然与曾经的竞争对手——比利时 FN SCAR 突击步枪有着相似的外形，但在设计上与之有着明显差异。

CZ-805 Bren 突击步枪

枪体构造

CZ-805 Bren 突击步枪采用模块化设计，发射 5.56×45 毫米 NATO 步枪弹，此外也有 7.62×39 毫米口径的型号，而且未来还可能发射 6.8 毫米 SPC 弹。该枪采用短行程导气活塞式原理和滚转式枪机，其导气系统有气体调节器。

CZ-805 Bren 突击步枪上方视角

性能解析

CZ-805 Bren 突击步枪有单发、两发点射和全自动三种射击模式，手动保险和快慢机柄在枪身两侧都有，以方便射手快速切换射击模式。该枪的枪管能够快速拆卸，以便于更改口径或更换枪管长度，每种口径都有四种不同长度的枪管，分别为短突击型、标准型、精确射击型和班用自动步枪型。

CZ-805 Bren 突击步枪左后方特写

服役记录

CZ–805 Bren 突击步枪被捷克军队和警察单位所采用，并取代服役已久的 vz. 58 突击步枪。2014 年起被墨西哥联邦警察所采用。

CZ-805 Bren 突击步枪左侧方特写

10 秒速识

CZ–805 Bren 突击步枪弹匣由半透明聚合物材料制成，弹匣体上有并联卡销，机匣顶部有全长的皮卡汀尼导轨，此枪的上机匣是以铝合金制成，下机匣则为聚合物。枪托能够伸缩和折叠。

瑞士 SIG SG 550 突击步枪

SIG SG 550 是由瑞士 SIG 公司于 20 世纪 70 年代研制的突击步枪，是

世界上最精准的突击步枪之一。

研发历史

20 世纪 70 年代后半期，在世界轻武器出现小口径浪潮的情况下，瑞士军方也决定寻求一种小口径步枪，取代部队装备的 SG 510 系列 7.62 毫米步枪。经过评比，瑞士军方在 1983 年 2 月最终选择了瑞士工业公司的 SG541 步枪，采用后命名为 SG 550。

基本参数	
口径	5.56 毫米
空枪重量	4.05 千克
全长	998 毫米
枪管长	528 毫米
枪口初速	905 米／秒
有效射程	400 米
弹容量	30 发

搭在两脚架上的 SG 550 突击步枪

枪体构造

SG 550 采用长行程导气活塞的自动方式，活塞头有自动关闭功能，当进入导气箍内的少量火药气体推动活塞后坐，使机框后坐的时候，活塞头又会暂时关闭导气孔，减少了进入导气管中的气体，而且导气管上有一个向外排泄多余气体的气孔，因此导气管中的气体量有限，这样可避免活动部件的剧烈运动。

性能解析

SG 550 系列的主要优点是精度高及可靠性优异。而其主要缺点则是重量较高，导致其机动性降低等。

SG 550 突击步枪分解图

装有刺刀的 SG 550 突击步枪

衍生型号

型　号	特　点
SG 500 SP	民用半自动型
SG 550 Sniper	狙击型
SG 551	短管卡宾枪型
SG 551 SP	民用半自动型，专供出口
SG 551 SWAT	SG 551 的警用型
SG 551 LB	为发射枪榴弹和装上刺刀设计
SG 552	超短管军用突击型
SG 552 LB	SG 552 的长枪管型
SG 553	超短管军用突击型的改进型
SG 556	SG 552 的民用半自动卡宾型

SG 552 突击步枪

服役记录

除了瑞士陆军以外，还有巴西、智利、法国、德国、印度、印度尼西亚、马来西亚、马耳他、波兰、罗马尼亚、西班牙等国的军队或特种部队也采用了 SG 550 突击步枪。

SG 550 突击步枪上方视角

10 秒速识

SG 550 步枪的枪口上装有"鸟笼"式消焰器，枪管上还有刺刀座。配用的弹匣是以半透明塑料制成的，在弹匣壁两侧附有弹匣连接卡笋。

英国 SA80 突击步枪

SA80 是一款采用 5.56×45 毫米北约弹药的英国无托结构突击步枪，英军命名为 L85。

研发历史

基于二战中的战斗经验，英国提出了要发展一款使用新型号子弹和新级别步枪的方案。1969 年，恩菲尔德兵工厂开始着手于发展一个全新的武器家族，有别于新设计的使用英式 4.85×49 毫米中型

基本参数	
口径	5.56 毫米
空枪重量	3.8 千克
全长	785 毫米
枪管长	518 毫米
枪口初速	940 米／秒
有效射程	450 米
弹容量	30 发

子弹的型号。而这类实验版本武器的系列在内部结构和设计思想上都有别于 EM-2，它的犊牛式设计和光学瞄准很明显地影响了设计思想并使之成为 SA80。

SA80 突击步枪右侧方特写

枪体构造

SA80 的机构源自 AR-18，采用无托结构，即机匣为枪托，SA80 步枪自动方式为导气式，闭锁方式为枪机回转式。枪机组件由机框与枪机组成，枪机上有多个闭锁突笋，导柱与枪机连接，机框上有开闭锁螺旋槽，机框是开闭锁的原动件，它通过其上的螺旋面对导柱的作用而使枪机回转，完成开闭锁动作；拉机柄位于枪的左侧，同机框相连，射击时随枪机框一起前后运动。机柄槽有防尘盖，当机框后坐时可以自动打开。

性能解析

SA80 尺寸小，士兵携行方便，利于在狭小空间战斗，特别适宜于机械化步兵装备，具有灵活机动的优点。SA80 早期型存在严重卡壳、双重进弹，甚至彻底卡死的问题。此外常见的状况还有枪托破裂、弹匣经常脱落、撞针松脱或弹力不足等。后来改良为 L85A1 后并使用专用弹也未能解决卡壳问题，德国 HK 公司投入巨资改良为 L85A2 后，可靠性提升了不少，平均每发射 25000 发子弹才会卡弹。由于 SA80 需要精心保养，因此每支枪都配备了一大套多功能维护工具，为了搞清楚工具的使用方法，英国士兵经常随身带着工具使用手册。

SA80 突击步枪上方视角

衍生型号

型 号	特 点
L85A1/L85A2	无托结构设计，个人武器步枪
L86 LSW	班支援武器
L22	卡宾枪版本
L98	训练用步枪

L85A1 突击步枪右侧方特写

服役记录

由于 SA80 系列的可靠性欠佳，因此没有获得很多的外国订单。澳洲、新西兰和加拿大等英联邦国家都是以其他的步枪作制式武器而没有采用 L85。目前已知德国、荷兰和沙特阿拉伯皆曾对 L85A1 进行过测试，但这些国家都对测试结果表示失望。另外一些从英军中退役的 L85A1 也曾出口或捐赠到一些第三世界国家，但考虑到这些国家都偏向使用 AK 步枪，再加上该枪可靠性不佳而不常使用。

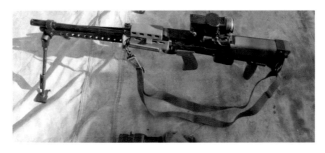

搭在两脚架上的 SA80 突击步枪

10 秒速识

SA80 护木、贴腮板和托底板采用塑料高冲击韧性尼龙制成。SA80 枪机运动的导轨不在机匣上，而是两根导杆。枪管口部装有消焰器。

SA 80 突击步枪左侧方特写

第4章
狙击步枪

根据军方或执法部门的定义，狙击步枪的部署虽然以战术为主，但是能够发生战略性效用。狙击步枪的结构与普通步枪基本一致，区别在狙击步枪多装有精确瞄准用的瞄准镜。狙击步枪的技术含量使其成为21世纪轻兵器中的"精确制导"单兵武器。

美国巴雷特 M82 狙击步枪

     M82 是美国巴雷特公司研制的一款重型特殊用途狙击步枪（Special Application Scoped Rifle，SASR）。

研发历史

     M82 源 自 朗 尼 · 巴 雷 特（Ronnie Barrett）建立的使用 12.7×99 毫米 NATO（.50 BMG）口径弹药的半自动狙击步枪方案。该口径弹药原本是勃朗宁 M2HB 重机枪所用。M82 于 20 世纪 80 年代

基本参数	
口径	12.7 毫米
空枪重量	14 千克
全长	1219 毫米
枪管长	508 毫米
枪口初速	853 米／秒
有效射程	1850 米
弹容量	10 发

早期开始研发，1982 年造出第一把样枪并命名。1986 年，巴雷特研发出 M82A1。1987 年，更先进的 M82A2 无托式步枪研发成功。M82 系列最新的产品是 M82A1M，被美国海军陆战队大量装备并命名为 M82A3 SASR。

巴雷特 M82 狙击步枪后侧方特写

枪体构造

M82 是枪管后坐式半自动枪械，当击发时枪管将会短距缩回后由回转式枪机安全锁住。短暂后退后，枪栓被推入弯曲轨再扭转把枪管解锁。当栓机解锁，枪机拉臂瞬间退回，枪管转移后坐力的动作完成循环。之后枪管固定且栓机弹回，弹出弹壳。当撞针归位，枪机从弹匣引出一颗子弹并送进膛室对准枪管，扳机弹回撞针后方位置。新的 M82 装有双膛直角箭头形 (V 形) 制动器。该制动器减少了接近 70% 的后坐力。其缺陷是每发射一发枪弹时从制退器喷出的火药气体都会在射手附近卷起大量尘土和松散颗粒。

性能解析

M82 是美军唯一的"特殊用途的狙击步枪"(SASR)，可以用于反器材攻击和引爆弹药库。它具有超过 1500 米的有效射程，甚至有过 2500 米的命中纪录，超高动能搭配高能弹药，可以有效摧毁雷达站、卡车、战斗机 (停放状态) 等战略物资，因此也称为"反器材步枪"。

由于 M82 可以打穿许多墙壁，因此也被用来攻击躲在掩体后的人员，不过这并不是主要用途。除了军队以外，美国很多执法机关也钟爱此枪，包括纽约警察局，因为它可以迅速拦截车辆，一发子弹就能打坏汽车引擎，也能很快打穿砖墙和水泥墙，适合城市战斗。

M82 狙击步枪左侧方特写

衍生型号

型　号	特　点
M82A1	气动式、半自动枪机
M82A2	改良枪口制退器为双膛 V 形
M82A1A	使用 Mk211 Mod 0 型 .50 口径子弹
M82A2	半自动犊牛式狙击步枪
M82A1M	战术导轨被大幅度加长
XM107/M107	M82A1M 改良版，加长战术轨系统、后握把和固定转轴插口

服役记录

　　M82A1 已于科威特的沙漠之盾和沙漠风暴行动中攻击伊拉克军，125支先配备于美国海军陆战队，陆军和空军也接着订购。M82 枪族最新的产品是 M82A1M，被美国海军陆战队大量装备并命名为 M82A3 SASR。美国海岸警卫队使用了 M82 进行反毒作战，有效地打击了海岸附近的高速运毒小艇。

搭在两脚架上的 M824A3 狙击步枪

10 秒速识

　　M82 膛室分两部分（上部和下部），薄钢板冲压而成再用十字栓固定。枪管有凹孔，还安装有枪口制动器。早期的枪口制动器是圆柱箭头，新的 M82 装有双膛直角箭头形（V 形）制动器。M82 通常装备 Leupold Mark 4

望远瞄准镜，有可折叠式提把和两脚架。

黑色涂装的 M82 狙击步枪

美国雷明顿 M40 狙击步枪

M40 狙击步枪是雷明顿 700 步枪的改进型号之一，是美国海军陆战队自 1966 年以来的制式狙击步枪。

研发历史

M40 狙击步枪和 M24 狙击手武器系统都是雷明顿 700 旋转后拉式枪机步枪的衍生型，但 M40 问世的时间更早。雷明顿 700 步枪自 1962 年推出，就以其精确性和威力受到称赞。

基本参数	
口径	7.62 毫米
空枪重量	6.57 千克
全长	1117 毫米
枪管长	610 毫米
枪口初速	777 米／秒
有效射程	900 米
弹容量	5 发

20 世纪 60 年代，由于越南战争的需要，美国海军陆战队要求研制一种正规的新式狙击步枪。经过测试后，1966 年 4 月 7 日决定以雷明顿 700 步枪为基础研制狙击步枪，改进后命名为 M40。经过实战检验后，20 世纪 70 年代又出现了改进型 M40A1，改用玻璃纤维枪托及新式瞄准镜。M40A1 在 1980 年进行了重大改进，之后又陆续出现了 M40A3(2001 年) 和 M40A5(2009 年)。

M40 狙击步枪右侧方特写

枪体构造

  M40 狙击步枪是一种采用转栓式枪机的非自动武器，使用弹仓供弹，弹仓为整体式。弹仓底盖前部的卡笋则用于卸下托弹板和托弹簧。原型的 M40 全部装有雷菲尔德 (Redfield)3-9 瞄准镜，但瞄准镜及木制枪托在越南战场的炎热潮湿环境下，出现受潮膨胀等严重问题，以致无法使用。结果在 20 世纪 70 年代，M40 被更新成 M40A1，以麦克米兰的玻璃纤维枪托及 Unertl 瞄准镜替换。

M40 狙击步枪装备的瞄准镜

性能解析

  据称，在美国海军陆战队的狙击作战中，即使用力敲击该枪的瞄准镜，其零位也会保持不变。在美国，M40A3 狙击步枪被视为现代狙击步枪的先驱。它被称为冷战"绿色枪王"，在越南战争和其他局部战争中频频露脸。

经过伪装后的 M40 狙击步枪

衍生型号

型　号	特　点
M40A1(1977年)	温彻斯特M70钢制扳机护圈及弹匣底板
M40A1(1980年)	Uneul 10倍瞄准镜（密位点）
M40A3	钢制整体式扳机护圈、自由浮置枪管
M40A5(2009年)	增设枪口消焰器，并可装设消音器

M40A3狙击步枪

服役记录

　　1996年，美国海军陆战队决定开发M40A3以替换M40A1。M40A3配用了新型M118LR枪弹，整个狙击系统堪称世界一流。M40A3于2001年开发完成，也出现于阿富汗及伊拉克战场上。

M40狙击步枪局部特写

10秒速识

　　M40狙击步枪采用重枪管和木制枪托，扳机护圈前边嵌有卡笋，装有永久固定式瞄准镜。

M40 狙击步枪及子弹

美国雷明顿 MSR 狙击步枪

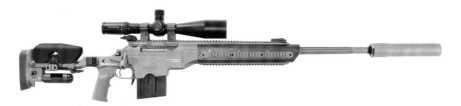

MSR(Modular Sniper Rifle) 是由美国雷明顿军品分公司所研制、生产及销售的一款手动狙击步枪。

研发历史

雷明顿 MSR 狙击步枪在 2009 年的 SHOT Show 上首次露面，研发目的是参与 2009 年 1 月 15 日美国特种作战司令部 (USSOCOM) 发出的一项名为精密狙击步枪 (Precision Sniper Rifle，PSR) 的

基本参数	
口径	7.62、8.59 毫米
空枪重量	7.71 千克
全长	1168 毫米
枪管长	508 毫米
枪口初速	841.25 米 / 秒
有效射程	1500 米
弹容量	5/7/10 发

合同并作为其中一个 .338 口径狙击平台，与其他枪械制造商所全新研制或既有型号的改进型进行竞标。不管美军特种部队最终是否采用该枪，雷明顿军品分公司都会将它推向执法机构或民用市场。2013 年 3 月 7 日，美国特种作战司令部宣布雷明顿 MSR 在精度狙击步枪竞标中的获胜者。

MSR 狙击步枪后方特写

枪体构造

MSR 采用了模块化设计，整个系统都装在一个耐腐蚀性的全铝合金制造的底座上，这个底座包括弹匣插座、击发机座和前托，钛合金制成的机匣安装在底座上。自由浮置式枪管通过钢制的大型枪管节套固定在机匣上，以八角形前托包覆在外面，前托则以螺丝从前托的顶部 (6 颗) 及其后端 (2 颗) 锁紧。改变口径时需要更换的零件包括枪管、枪机头和弹匣，这样就能在 7.62×51 毫米口径、.300 温彻斯特马格努姆 (7.62×67 毫米)、.338 拉普马格努姆 (8.6×70 毫米或 8.58×70 毫米) 和 .338 诺玛马格努姆 (8.59×63.5 毫米) 口径之间转换，转换口径的时间只需要几分钟。

MSR 狙击步枪左侧方特写

性能解析

雷明顿 MSR 的设计优势是采用了模块化设计，灵活性比较大。整个系统的主要组成部分的大部分解在不到两分钟内完成，且能在两分钟内重新组装。

MSR 狙击步枪上方视角

服役记录

雷明顿 MSR 在美国特种作战司令部精密狙击步枪 (PSR) 计划的招标中中标之后，就被美国特种作战司令部所采用。同时也被哥伦比亚城市反恐特种部队小组所使用。

MSR 狙击步枪局部特写

10 秒速识

雷明顿 MSR 的多个零部件都有黑色和沙色两种外表涂装。前托为八角形设计，以螺丝从前托的顶部 (6 颗) 及其后端 (2 颗) 锁紧以包覆。机匣和前托的顶部 (12 点位置) 装有全长的 MIL-STD-1913 战术导轨，雷明顿 MSR 没有内置其机械瞄具。

MSR 狙击步枪后侧方特写

美国雷明顿 R11 RSASS 狙击步枪

R11 RSASS(Remington Semi-Automatic Sniper System，雷明顿半自动狙击手系统)是由雷明顿公司研制的半自动狙击步枪，发射7.62×51毫米 NATO 口径步枪子弹。

研发历史

R11 RSASS 狙击步枪的开发目的是为了替换美国陆军狙击手、观察手、指定射手及班组精确射手的 M24 狙击步枪，美国陆军在提交计划后开放给多家公司参

基本参数	
口径	7.62 毫米
空枪重量	5.44 千克
全长	1003 毫米
枪管长	457 毫米
有效射程	1000 米
弹容量	19/20 发

与，包括雷明顿和奈特。2005 年 9 月 28 日，奈特公司提交的 M110 狙击步枪胜出，并正式定名为 M110 半自动狙击手系统。其后，不幸败北的雷明顿并没有停止该枪的研发。

R11 RSASS 狙击步枪模型图

枪体构造

　　雷明顿 R11 RSASS 是以 AR–10 机构为基础的改进项目，此枪的直接导气装置内装有气体调节器以减少射击时火药燃烧后剩下的污物和积碳残渣残留在枪机机框和上机匣以内累积对动作可靠性和射击精度的影响。枪口上安装了先进武器装备公司 (AAC) 的制动器，可减轻后坐力并减小射击时枪口的上扬幅度，还能够利用其装上 AAC 公司的快速安装及拆卸消声器。

装有消声器的 R11 RSASS 狙击步枪

性能解析

　　R11 RSASS 的有效射程可达 1000 米，对 800 米目标的射击精度小于 0.5 角分。为了达到最大精度，枪管用 416 型不锈钢制造，并且经过低温处理，配备 457 毫米和 559 毫米两种枪管长度，标准膛线缠距比为 1 ∶ 10。其实，R11 RSASS 的性能还是不错的，但它造价较高，用于军队大规模采购不太经济，且较长和较重的枪身也使它难以在战场上恶劣复杂的环境中施展。因此，美国陆军选择了同为半自动却更加轻便的 M110 狙击步枪，RSASS 更适合用于执法机关。

黑色涂装的 R11 RSASS 狙击步枪

服役记录

雷明顿 R11 RSASS 的主要市场是执法机关和军队的特等射手。截至 2013 年 1 月，雷明顿 R11 RSASS 仍然只向军事或执法机关市场销售，而不向民间市场销售。R11 RSASS 还被马来西亚海军特种部队所采用。

执法机关人员正在试射 R11 RSASS 狙击步枪

10 秒速识

雷明顿 R11 RSASS 枪管采用不锈钢，击发机构安装在铝合金底座内。采用可拆卸式护木，以八角形前托包覆在外面，具有多个枪背带环安装位置，前托带有大量散热孔。枪托由质量较轻便的聚合物制造，安装在底座的尾部做固定装备。

R11 RSASS 狙击步枪正反面特写

美国阿玛莱特 AR-50 狙击步枪

AR-50 是由美国阿玛莱特 (Armalite) 公司于 20 世纪末研制及生产的一款单发旋转后拉式枪机重型狙击步枪。

研发历史

阿玛莱特 AR-50 狙击步枪于 1997 年开始设计，并在 1999 年的 SHOT Show 上首次公开，同年开始对民间发售。目前，AR-50 只是给民用的射手所使用，例如"长距离射击"或"精确依托射击"项目时。AR-50 生产目的是占领低端市场，其销售价格较同类型武器下降约50%。虽然 AR-50 是一支精度很高的大口径步枪，但在 1999 年后，巴雷特 M82 系列的 .50 口径将 AR-50 的地位取代，因为它在战斗时远比 AR-50 有效。

基本参数	
口径	12.7 毫米
空枪重量	16.33 千克
全长	1511 毫米
枪管长	787.4 毫米
枪口初速	840 米／秒
有效射程	1800 米
弹容量	1 发

绿色涂装的 AR-50 狙击步枪

枪体构造

阿玛莱特 AR-50 是一支采用单发式设计的手动狙击步枪，这支步枪最近已经更新为 AR-50A1 B，它安装有更平滑顺畅的枪机，有吸引力的新型枪机挡，重点加固型枪口制退器，和比原来的 AR-50 更大的强度。

　　阿玛莱特 AR-50 狙击步枪系列并没有内置其机械瞄具，必须利用其机匣顶部所设有的一条 MIL-STD-1913 战术导轨安装日间／夜间望远式狙击镜、光学瞄准镜、红点镜／反射式瞄准镜、全息瞄准镜、夜视仪或热成像仪作为阿玛莱特 AR-50 的瞄准具，另外亦可选择在枪管上方增加一个前导轨座，这样就可以使用流行的前后串连式安装配置模式扩大瞄准具附件的加装应用模式。

性能解析

　　只能单发的 AR-50 的缺点就是无法像巴雷特 M82 系列一样，于短时间攻击多个目标。而且 AR-50 的重量太大，单人携行不够方便，故难以受到军警部门所青睐。

搭在两脚架上的 AR-50 狙击步枪

服役记录

　　在美国，阿玛莱特 AR-50 仅供一些警察局使用，但是在马来西亚却被皇家海军特种作战部队所装备。

10 秒速识

　　阿玛莱特 AR-50 的机匣是铝合金制造的，采用独特的八边形设计，并安装在框架型铝制整体式前托上，表面采用硬质阳极氧化处理。机匣就在多层式 V 形枪托的前方，而枪管于护木的上方自由浮动，内有 8 条右旋 1 ：15 的膛线缠距。AR–50 的枪托可分为三个独立的部分，各部分皆由合成铝所制成。

AR-50 狙击步枪侧方特写

美国麦克米兰 TAC–50 狙击步枪

TAC–50 是一种军队及执法部门用的狙击武器，是加拿大军队在 2000 年以来的制式"长距离狙击武器"(LRSW)。

研发历史

TAC–50 是由美国麦克米兰兄弟步枪公司 (McMillan Brothers Rifle Co.) 在 1980 年推出的反器材步枪。2000 年，加拿大军队将 TAC–50 选为制式武器，并重新命名为"C15 长程狙击武器"。美国海军"海豹"

基本参数	
口径	12.7 毫米
空枪重量	11.8 千克
全长	1448 毫米
枪管长	736 毫米
枪口初速	850 米／秒
有效射程	2000 米
弹容量	5 发

突击队也采用了该枪，并命名为 Mk 15 狙击步枪。

TAC-50 狙击步枪及配件

枪体构造

TAC-50 采用手动旋转后拉式枪机系统，枪口安装有高效能制退器以缓冲 .50BMG 的强大后坐力，由可装 5 发的可分离式弹仓供弹，TAC-50 狙击步枪用的是 12.7×99 毫米 NATO 口径的子弹，子弹高度和罐装可乐相同，破坏力惊人。

TAC-50 狙击步枪及枪盒

性能解析

TAC-50 因其有效射程远而闻名世界。2002 年，加拿大军队的罗布·福

尔隆 (Rob Furlong) 下士在阿富汗某山谷上，以 TAC–50 在 2430 米距离击中一名塔利班武装分子 RPK 机枪手，创出当时最远狙击距离的世界纪录，至 2009 年 11 月才被英军下士克雷格·哈里森以 2475 米的距离打破。

TAC-50 步枪后方特写

服役记录

除了加拿大外，TAC–50 的用户还包括法国海军突击队、格鲁吉亚陆军特种部队、约旦特别侦察团、波兰陆军特种部队、南非警察特别任务队、土耳其陆军山区突击队、以色列特种部队和秘鲁陆军等。美国以 "Mk 15" 的名义在美国海军海豹部队中使用。

搭在两脚架上的 TAC-50 狙击步枪

10 秒速识

TAC-50 采用麦克米兰玻璃纤维强化塑胶枪托，枪托前端装有两脚架、尾部装有特制橡胶缓冲垫，没有机械照门及预设瞄准镜。

TAC-50 狙击步枪后侧方特写

美国奈特 SR-25 半自动狙击步枪

SR-25 是一款由美国著名枪械设计师尤金·斯通纳设计、奈特公司出品的半自动狙击步枪。

研发历史

1978 年，奈特与尤金·斯通纳携手合作，推出了一系列优秀产品。到 1993 年年初，奈特公司向美国民间市场推出了两人合作的新产品 SR-25 半自动步枪。

基本参数	
口径	7.62 毫米
空枪重量	4.88 千克
全长	1118 毫米
枪管长	610 毫米
枪口初速	853 米／秒
有效射程	600 米
弹容量	5/10/20 发

SR–25表示斯通纳步枪，"S"表示"Stoner"(斯通纳)，"R"表示"Rifle"(步枪)，而"25"则是 AR–10 和 AR–15 相加得出的，这是因为 SR–25 是将 AR–10 步枪和 AR–15 步枪相结合而成的产品，它有 60% 的零件是直接取自这两支步枪的。

装备 SR-25 狙击步枪的海豹突击队成员

枪体构造

SR–25 采用了转栓式枪机和直冲式导气，其设计基于 AR–10。枪管采用浮置式安装，没有机械瞄具，所有型号都有皮卡汀尼导轨用来安装各种型号的瞄准镜或者带有机械瞄具的 M16A4 提把 (准星在导轨前面)。

黑色涂装的 SR-25 狙击步枪

性能解析

虽然 SR–25 狙击步枪主打民用市场，但其性能完全达到了军用狙击步枪的要求，而且 SR-25 的野外分解和维护比 M16 突击步枪更加方便，在勤务性能方面也毫不逊色。

SR-25 狙击步枪侧方特写

服役记录

目前，美国陆军、海军、海军陆战队以及一些私人军事承包商都已经装备了 SR-25 狙击步枪，其他使用 AR-25 狙击步枪的国家还有泰国、澳大利亚、以色列、意大利等国。

SR-25 狙击步枪右前方特写

10 秒速识

SR-25 狙击步枪枪管只与上机匣连接，两脚架安在枪管套筒上，因此它的护木直接安装在下机匣上，枪管套筒不接触枪管。上机匣上有一个与机匣等长的轨槽式瞄准具座。

SR-25 狙击步枪右侧方特写

美国 M14 DMR 狙击步枪

M14 DMR(Designated Marksman Rifle，精确射手步枪) 是以 M14 自动步枪为基础开发给美国海军陆战队的一款狙击步枪。

研发历史

M14 DMR 狙击步枪专门提供给精确射手，它以重量轻、高准确度为开发目的，相比相同用途发射 5.56×45 毫米弹药的 M16A4 突击步枪，发射 7.62×51 毫米 NATO 弹药的 M14 DMR 威力更大，所有的 M14 DMR 都是由位于维吉尼亚州

基本参数	
口径	7.62 毫米
空枪重量	5 千克
全长	1118 毫米
枪管长	560 毫米
枪口初速	865 米 / 秒
有效射程	800 米
弹容量	5/10/20 发

的美国海军陆战队精确武器工场 (USMC Precision Weapons Shop) 制造。

M14 DMR 狙击步枪上方视角

枪体构造

M14 DMR 狙击步枪的枪机组件和 M14 自动步枪相同，同样采用气动、转栓式枪机。上机匣备有 MIL–STD–1913 导轨，可安装所有对应此导轨的瞄准镜，比较常见的有 TS–30 日用瞄准镜系列、AN/PVS–10 或 AN/PVS–17 夜视瞄准镜、Leupold Mark 4 瞄准镜及 Unertl M40 10x fixed power 瞄准镜。

黑色涂装的 M14 DMR 狙击步枪

性能解析

M14 DMR 狙击步枪专门提供给精确射手，它以重量轻、高准确度为开发目的，相比相同用途发射 5.56×45 毫米 NATO 弹药的 M16A4，发射 7.62×51 毫米 NATO 弹药的 DMR 威力更大。它也是海军陆战队部分任务中侦察狙击手的快速瞄准武器，海军陆战队同样用于引爆地雷或其他类似的炸药。

M14 DMR 狙击步枪局部特写

服役记录

M14 DMR 狙击步枪计划是为海军陆战队和舰队反恐怖安全部队提供的一种主要用于远距离精确射击的步枪。第 26 MEU(SOC) 现在已经使用了 M14 DMR，并在"持久自由行动"中参与了实战。

M14 DMR 狙击步枪后侧方特写

10 秒速识

M14 DMR 狙击步枪采用不锈钢比赛级枪管，装有手枪式握把及可调式贴腮板的麦克米兰(McMillan)M2A 玻璃纤维战术枪托，M14 DMR 采用哈里斯(Harris)S－L 两脚架。

迷彩涂装的 M14 DMR 狙击步枪

美国雷明顿 M24 狙击手武器系统

M24 狙击手武器系统 (Sniper Weapon System，SWS) 是雷明顿 700 步枪的衍生型之一，提供给军队及警察用户使用。

研发历史

1988 年，美军将 M24 狙击手武器系统选为新的制式武器。该枪从雷明顿 700 狙击步枪演变而来，由于性能非常优异，所以逐渐取代了其他狙击步枪，成为美军的主要狙击武器。之所以称为狙击手

基本参数	
口径	7.62 毫米
空枪重量	5.5 千克
全长	1092.2 毫米
枪管长	609.6 毫米
有效射程	800 米
枪口初速	853 米／秒
弹容量	5/10 发

武器系统，是因为除了狙击步枪本身以外还配备了瞄准镜及其他配件。

枪体构造

　　M24 狙击手武器系统由雷明顿 700 步枪衍生而来，采用旋转后拉式枪机，该枪由弹仓供弹，装弹 5 发，发射美国 M118 式 7.62 毫米特种弹头比赛弹。

M24 狙击手武器系统右侧方特写

性能解析

　　M24 狙击手武器系统的精度较高，射程可达 1000 米，但每打出一颗子弹都要拉动枪栓一次。M24 对气象物候条件的要求很严格，潮湿空气可能改变子弹方向，而干热空气又会造成子弹打高。为了确保射击的精度，该枪设有瞄准具、夜视镜、聚光镜、激光测距仪和气压计等配件，远程狙击命中率较高，但使用起来较为烦琐。

衍生型号

型　　号	特　　点
M24A2	10 发可拆式弹匣、枪托加装高度可调的托腮板
M24A3	改为发射 .338 拉普马格南子弹
M24E1	沿用 MSR 模组化狙击枪的部分设计

M24A2 狙击步枪右后方特写

服役记录

目前，美国陆军正以 M110 狙击步枪逐步取代 M24，但在 2010 年前它仍然是制式狙击步枪之一，其他剩余的 M24 将更换枪机和枪管以配合 .300 温彻斯特麦格农弹药来提供更远射程。以色列国防军 (IDF) 亦有装备 M24 狙击步枪。

绿色涂装的 M24 狙击手武器系统

10 秒速识

M24 狙击步枪钢制机匣为圆柱形，可与枪托里铝制衬板上的 V 形槽结合，从枪托的一端延伸到另一端恰好为 3 个背带环座、弹仓底板和扳机护圈上提供的支点（前托上 2 个，后托上 1 个），机匣和枪口处装有基座。

M24 狙击手武器系统上方特写

美国奈特 M110 半自动狙击步枪

M110 半自动狙击步枪 (M110 Semi-Automatic Sniper System，M110 SASS) 是美国奈特 (Knight's Armament Company，KAC) 公司推出的一款 7.62 毫米口径半自动狙击步枪。

研发历史

M110 SASS 的开发目的是替换美国陆军狙击手、观察手、指定射手及班组精确射手的 M24 狙击步枪，美国陆军在提交计划后开放给多家公司参与。2005年9月28日，KAC 的方案胜出，正式定

基本参数	
口径	7.62 毫米
空枪重量	6.91 千克
全长	1029 毫米
枪管长	508 毫米
有效射程	1000 米
枪口初速	783 米 / 秒
弹容量	20 发

名为 M110 半自动狙击步枪 (在测试时名为 XM110)。2006 年年底，M110 SASS 正式成为美军的制式狙击步枪。

搭在两脚架上的 M110 狙击步枪

枪体构造

M110 SASS 整个系统的主要组成部分包括：1 支步枪、4 个 20 发弹匣、4 个 10 发弹匣、弹匣袋、600 米后备机械瞄具、哈里斯两脚架及安装到导轨上的适配器，Leupold3.5–10x40 毫米白光瞄准镜及配套的镜盒、镜袋、镜盖和防反光装置等瞄准镜配件、AN/PVS–14 夜视瞄准镜、皮制背带、QD 消声器、整套系统的储存和携行箱，还有武器和光学瞄准镜的维护工具。以导轨接口来安装火控系统（光学、后备机械瞄具和激光指示器）。M110 狙击步枪采用气吹式自动方式，半自动发射。

M110 半自动狙击手系统配件

性能解析

M110 SASS 是有效的反人员和反轻型器材目标，在狙击手执行支援战斗行动时能提供更强的火力。不过有士兵认为，M110 SASS 的半自动发射系统过于复杂，反不如运动机件更少的 M24 精度高。

服役记录

2007 年 4 月，驻守阿富汗的美国陆军"复仇女神"特遣队成为首个使用 M110 SASS 作战的部队。之后在阿富汗和伊拉克执行作战任务的美军都装备了 M110 SASS。

M110 SASS 狙击步枪前侧方特写

10 秒速识

　　M110 半自动狙击步枪从武器到附件表面均为深土黄色，该枪配备了两套瞄具系统。机械瞄具可折叠、拆卸，可调节的觇孔和准星置于机匣顶部。M110 的消声装置是套在枪管上的，并且靠一个推杆销固定在导气管的凹槽中。

M110 半自动狙击步枪正反面特写

俄罗斯 SVD 狙击步枪

SVD 是由苏联设计师德拉贡诺夫在 1958 年至 1963 年研制的半自动狙击步枪。

研发历史

SVD 狙击步枪的研发可以追溯到 1958 年，当时苏联提出设计一种半自动狙击步枪的构想，要求提高射击精度，又必须保证武器能够在恶劣的环境条件下可靠地工作，而且必须简单轻巧紧凑。苏联

基本参数	
口径	7.62 毫米
空枪重量	4.3 千克
全长	1225 毫米
枪管长	620 毫米
枪口初速	830 米／秒
有效射程	800 米
弹容量	10 发

军队在 1963 年选中了由叶夫根尼·费奥多罗维奇·德拉贡诺夫设计的半自动狙击步枪，用以代替莫辛 – 纳甘 M1891/30 狙击步枪。通过进一步的改进后，SVD 在 1967 年开始装备部队。

SVD 狙击步枪及配件

枪体构造

SVD 的基本构造为短行程导气式活塞运作半自动步枪。由于早先的苏联子弹装药纯度不良，可能是含碳量略高的关系，射击之后常留下具腐蚀性的残渣与积碳，因此枪管与气体活塞管容易产生阻塞。所以德拉贡诺夫将 SVD 的气体活塞管增加了一个气体调节器来调整气体的压力，以平衡机件在不同气候环境下产生的差异。SVD 的枪口装置采用导槽式设计，主要功能是降低枪口火焰，并将气体向上排出，在一定程度上也能抑制部分枪口上扬。

SVD 狙击步枪上方视角

性能解析

随着莫辛 – 纳甘 M1891/30 狙击步枪的退役，SVD 成为苏联军队的主要精确射击装备。但由于苏军狙击手是随同大部队进行支援任务，而不是以小组进行渗透、侦察、狙击，以及反器材 / 物资作战，因此 SVD 发挥的作用有限，仅仅将班排单位的有效射程提升到 800 米，更远距离的射击能力则受限于 SVD 光学器材与枪支性能。即便如此，SVD 的可靠性仍然是公认的，这使 SVD 被长期而广泛地使用，在许多局部冲突中都曾出现。

黑色涂装的 SVD 狙击步枪

衍生型号

型 号	特 点
SVD-S	SVD 的空降／突击兵版本
SVU	SVD 的犊牛式步枪
Al-Kadesiah	伊拉克的 SVD 仿制型
SWD-M	波兰将 SVD 进行现代化改进

供展览用的 SVD-M(上) 及 SVD-S(下)

服役记录

世界各地的无数战争中，例如两伊战争、黎巴嫩内战，甚至冷战后的车臣战争，尤其是格罗兹尼战役，车臣反抗军将部队规划为许多三人狙击小组，对俄罗斯部队以 SVD 进行人员狙杀或利用 RPG 枪榴弹发射器突袭装甲车辆；在沙漠风暴行动和伊拉克战争中，SVD 都是常见的武器之一。

搭在两脚架上的 SVD 狙击步枪

10 秒速识

SVD 与 AK 系列步枪一样有着巨大的防尘盖板、相似高耸的准星与滑轨式照门，甚至连保险钮都几乎如出一辙。SVD 是一种新的改进型，采用新的玻璃纤维复合材料枪托和护木，以及新弹匣，在弹匣入口前方有安装两脚架的螺纹孔。枪管前端有瓣形消焰器，在准星座下方有一个刺刀座。

SVD 狙击步枪上方视角

俄罗斯 VSS 微声狙击步枪

VSS(Vinovka Snaiperskaja Spetsialnaya，特种狙击步枪) 是苏联研发的一种微声狙击步枪。

研发历史

20 世纪 80 年代后期，苏联中央精密机械工程研究院的彼德罗·谢尔久科领导的研究小组成功研制出了 AS 突击步枪，AS 是 Avtomat Spetsialnij 的缩写，即 "特种突击步枪"。VSS 微声狙击步枪其实

基本参数	
口径	9 毫米
空枪重量	2.6 千克
全长	894 毫米
枪管长	200 毫米
枪口初速	290 米 / 秒
有效射程	400 米
弹容量	10/20 发

就是 AS 突击步枪的狙击型，两者是同一系列的武器，也是由彼德罗·谢尔久科领导的小组研制。

VSS 微声狙击步枪局部特写

枪体构造

由于 VSS 被定位为特种任务 (discreet operation) 武器，因此它可以分解成三大部分，并且放进 450×370×140 毫米的盒子内，同时附有两个弹匣、PSO-1 光学瞄准镜 (与 SVD 狙击步枪相同) 以及 NSPU-3 夜视瞄准镜。VSS 微声狙击步枪的标准配备是 10 发弹匣，也可以发射 SP-5 普通子弹，但主要是发射 SP-6 穿甲弹。

VSS 微声狙击步枪分解图

性能解析

VSS 是一种消音、几乎无法发射火焰的短距离狙击步枪，使用 9×39 毫米弹药。9 x 39 毫米子弹的初速并不高，然而毕竟装药量多过 9 毫米鲁格弹一倍，威力不仅仅是比 9 毫米子弹强大，在射程上堪与一般无抑制器的突击步枪相较，大约在 400 米。VSS 微声狙击步枪除了可以进行半自动单发狙击射击之外，在必要时也可进行全自动发射。

VSS 微声狙击步枪右侧方特写

服役记录

VSS 狙击步枪自 20 世纪 80 年代投入使用，在车臣作战的俄罗斯特种部队经常使用这种武器，其中更有部分流入车臣武装组织手上。2004 年，别斯兰人质危机中的俄罗斯特种部队也有采用。

采用木质枪托的 VSS 狙击步枪

10 秒速识

VSS 狙击步枪安装有一体式消声器，VSS 狙击步枪取消了独立小握把，改为框架式的木制运动型枪托，枪托底部有橡胶底板。

VSS 微声狙击步枪上方视角

俄罗斯 SV-98 狙击步枪

SV-98 是由俄罗斯枪械设计师弗拉基米尔·斯朗斯尔研制，伊兹马什工厂生产的一款手动狙击步枪。

研发历史

自 20 世纪 60 年代以来，SVD 系列狙击步枪一直是苏联军队乃至现今俄罗斯军队的主要狙击武器。尽管 SVD 狙击步枪作为战术支援武器很有效，但在中远距离上的精度很差，不适合远距离的精确射击，也不适宜面对人质劫持之类的任务。

基本参数	
口径	7.62 毫米
空枪重量	5.8 千克
全长	1200 毫米
枪管长	650 毫米
枪口初速	820 米／秒
有效射程	1000 米
弹容量	10 发

开发新型远程精确狙击步枪尤为必要，因此伊兹马什工厂的枪械设计师弗拉基米尔·斯朗斯尔于 1998 年开始设计 SV-98 狙击步枪。同年，SV-98 被俄罗斯执法机关和反恐怖部队少量试用，2005 年年底正式被俄罗斯军方采纳。

搭在两脚架上的 SV-98 狙击步枪

枪体构造

　　SV-98 狙击步枪的核心，由冷锻法制造的机匣和由冷锻法制造的自由浮置式重型碳素钢枪管，可按照用户的需要选择镀铬与否。SV-98 狙击步枪为非自动发射方式，采用旋转后拉式枪机。与护木一体的枪托主体由复合板材制成，能够牢靠地固定两脚架、可拆卸的携行提把、可调贴腮板、抵肩板、枪托支架等部件。

SV-98 狙击步枪局部特写

性能解析

SV-98 狙击步枪的战术定位专一而明确，专供特种部队、反恐部队及执法机构在反恐行动、小规模冲突以及抓捕要犯、解救人质等行动中使用，以隐蔽、突然的高精度射击火力狙杀白天或晨昏低照度条件下 1000 米以内，夜间 500 米以内的敌方重要有生目标。

SV-98 狙击步枪的射击精度不仅高于发射同种枪弹的 SVD 狙击步枪，就是与号称"精度天下第一"的奥地利 TPG-1 狙击步枪相比也毫不逊色。美中不足的是使用寿命较短，保养也较为烦琐。

2013 年俄罗斯国际军警安防设备展上的 SV-98 狙击步枪

服役记录

SV-98 被执法机关和反恐部队（俄罗斯联邦安全局、联邦司法部、内务部、联邦警卫局）和俄罗斯武装部队的狙击手部队所采用。2012 年 12 月的一张订单原定是向俄罗斯联邦药物管制局 (Federal Drug Control Service of the Russian Federation, FSKN) 供应 49 支 SV-98 狙击步枪，但订单被取消。

10 秒速识

SV-98 枪管由碳素钢材料制成，内膛没有镀铬，枪管口部设有螺纹接口，采用准星 - 照门式机械瞄准具。准星左右和高低可调，外面包有准星罩，机匣顶部安装有导轨，在导轨前端还有一个凸起的圆柱钉。

SV-98 狙击步枪左侧方特写

俄罗斯 VSK-94 微声狙击步枪

VSK-94 是俄罗斯研制的一种小型微声狙击步枪，在俄罗斯特种部队有很高的声誉。

研发历史

20 世纪 90 年代初，俄罗斯 KBP 仪器设计厂自主开发了一种新式近距离作战警用武器，设计目标是比 AKS-74U 突击步枪更轻、有更好的停止作用和侵彻能力，而且其生产和维护成本都比较低。

基本参数	
口径	9 毫米
空枪重量	2.8 千克
全长	932 毫米
枪管长	230 毫米
枪口初速	270 米 / 秒
有效射程	400 米
弹容量	20 发

1994 年，成功设计完成的 9A–91 突击步枪在图拉兵工厂进行小批量生产，并在同年交付给俄罗斯内务部试用。之后，KBP 仪器设计厂又研制出 9A–91 突击步枪的狙击版本，即 VSK–94 微声狙击步枪。

枪体构造

VSK–94 和 9A–91 一样是气动式操作、转栓式枪机的枪械。气动式操作类型是长行程活塞传动，而转栓式枪机有 4 个锁耳。该枪能安装高效消声器，以便在射击时减小噪音，还能完全消除枪口火焰，能大大提高射手的隐蔽性和攻击的突然性。

VSK-94 微声狙击步枪分解图

性能解析

VSK–94 发射 9×39 毫米子弹，能准确地对 400 米距离内的所有目标发动突击，令其有着远比冲锋枪和卡宾枪更高的作战优势。VSK–94 的消音效果极好，在 50 米的距离上，它的枪声几乎是听不见的。但是，无声射击的优点也带来一些缺陷，主要是弹丸亚音速飞行限制了武器在 400 米的有效瞄准射击，尤其是对运动目标。

服役记录

目前，VSK–94 是有限度地在俄罗斯境内各个执法部门内部使用，例如俄罗斯联邦内务部、俄罗斯联邦安全局等执法机构所属的特种部队。除了装备于俄罗斯，该枪还出口到了国外，叙利亚特种部队也有装备 VSK–94。

VSK-94 微声狙击步枪左侧方特写

VSK-94 微声狙击步枪上方视角

10 秒速识

　　VSK–94 的机匣采用金属冲压方式生产，配有可更换的塑料枪托，枪托和小握把呈一个整体，底托有橡胶垫，拉机柄在机匣的右侧。充当快慢机的安全及发射选择杆位于机匣的左侧，略高于扳机护圈。

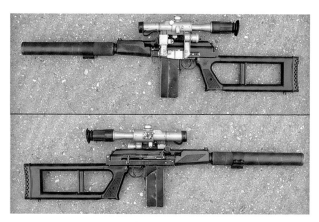

VSK-94 微声狙击步枪正反面特写

英国 AW 狙击步枪

AW 是英国精密国际公司北极作战 (Arctic Warfare) 系列狙击步枪的基本型。

研发历史

为取代已过时的李 – 恩菲尔德狙击步枪 (L42A1)，英国于 1982 年为新的狙击手武器系统招标。在最终的筛选过程中，精密国际公司的 PM 步枪淘汰了帕克 – 黑尔公司 (Parker–Hale) 的 M85 步枪，被英国军方正式列装，代号 L96A1。

基本参数	
口径	7.62 毫米
空枪重量	6.5 千克
全长	1180 毫米
枪管长	660 毫米
枪口初速	850 米／秒
有效射程	800 米
弹容量	10 发

1983 年，瑞典也开始选择新型狙击步枪，他们选了精密国际的 PM 步枪升级版，即 Arctic Warfare(AW)，瑞典国防军命名为 PSG 90，而 AW 这名字也开始成为精密国际步枪系列的专用名称。

枪盒中的 AW 狙击步枪

枪体构造

AW/L96A1 改进了 PM/L96 的枪机，操作更快捷，只需向上旋转 60 度和拉后 107 毫米，这种设计的优点很明显：射手在操作枪机时头部能始终靠在托腮处，因而狙击手可以一边保持瞄准镜中的景象一边抛出弹壳和推弹进膛。而且该枪机还具有防冻功能，即使在 –40℃ 的温度中仍能可靠地运作，而这点也是英军特别要求的。

性能解析

AW/L96A1 能达到 0.75MOA 的精准度，据说在 550 米距离上发射船形尾比赛弹的散布直径能小于 51 毫米。北约测试中心曾进行了 25000 发的可靠性测试，表明 AW 的枪管非常耐用。而在不降低狙击精度的情况下，其枪管寿命可达 5000 发。

在第四届十一月狙击手大赛上展出的 AW 狙击步枪

衍生型号

型 号	特 点
PM	北极作战系列（Arctic Warfare family）的原型枪
AW	英军定名为 L96A1，使用与 PM 相同的 7.62×51 毫米 NATO
AWF	具备可折叠枪托
AWP	为供执法机构使用的 AW 改型
AWS	具备消声器，可折叠枪托和可拆卸枪管
AWC	枪管较短和具备可折叠枪托
AWM	使用威力更加强大的弹药和加大的口径
AWSM	英军命名为 L115A1，改良型名为 L115A3
AW50	使用 12.7×99 毫米 NATO（.50 BMG）的 AW
AW50F	列装澳大利亚军队的 AW50 改型
AS50	主要供美国海军海豹部队使用
AE	L96/AW 的简化版本

AW 狙击步枪局部特写

服役记录

除英国外，有超过 40 个国家购买了 AW 系列狙击步枪。PM、AW、AWSM 和 AWS 被法国外籍兵团、法国国家宪兵干预队及其他特种部队所采用。AWSM 装备于俄罗斯联邦内务部、俄罗斯联邦安全局及俄罗斯联邦警卫局所。

AW 狙击步枪右侧方特写

10 秒速识

每个国家列装的 AW 狙击步枪都稍有不同。以瑞典的 PSG-90 为例，它使用钨合金脱壳穿甲弹，瞄准镜也和 L96A1 不同。德国联邦国防军则选用具备折叠枪托的 AW 版本。

AW 狙击步枪左侧方特写

英国 AS50 狙击步枪

AS50(Arctic Semi-automatic 50) 是精密国际研制的一款重型半自动狙击步枪 (反器材步枪)，是 AW 的衍生型之一。

研发历史

AS50 狙击步枪是由英国精密国际专门为特种作战使用而研发，主要用以打击敌方物资和无装甲或轻装甲作战装备的敌人。2005 年 1 月，它在美国拉斯维加斯 SHOT Show 中首次公开展示。

基本参数	
口径	12.7 毫米
空枪重量	12.3 千克
全长	1369 毫米
枪管长	692 毫米
枪口初速	800 米 / 秒
有效射程	1500 米
弹容量	5/10 发

AS50 狙击步枪左侧方特写

枪体构造

AS50 狙击步枪采用了气动式半自动枪机和枪口制动器，令 AS50 发射时能感受到的后坐力比 AW50 手动枪机狙击步枪低，并能够更快地狙击下一个目标。AS50 狙击步枪在没有瞄准镜等战术配件和连装填 5 发 12.7×99 毫米 (.50 BMG) 北约口径制式步枪子弹的可拆卸式弹匣的重量为 14.1 千克。

为了方便日常维护枪管内膛或排除枪管堵塞故障时不需要拆卸枪管，

AS50 设置了一个手动挂机装置，保险杆用射击手操作很方便，保险杆前方有一个保险锁，用于避免分解步枪时把保险杆误拨于"射击"位置。

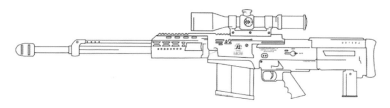

AS50 狙击步枪示意图

性能解析

　　AS50 具有可运输性高，符合人体工程学和轻便等优点。它可以在不借助任何工具的情况下于 3 分钟之内完成分解或重新组装。据说，AS50 可以对超过 1500 米距离的目标进行精确狙击，精度不低于 1.5MOA。

服役记录

　　AS50 狙击步枪现在正被美国特种作战司令部 (United States Special Operations Command，USSOCOM) 辖下的多个特种部队，包括著名的海豹部队所测试中。

10 秒速识

　　AS50 前护木由高级铝材用机加而成，有两根附加的导轨装在护木两侧。步枪左右侧各有两个背带环，所以全枪共配有四个

AS50 步枪前侧方特写

背带环。握把的式样保持了美军士兵所熟悉的 M16 风格，扳机为两道火，步枪用盒形弹匣供弹。

德国 PSG-1 狙击步枪

PSG-1 是德国黑克勒·科赫公司研制的一款半自动狙击步枪，是世界上最精确的狙击步枪之一。

研发历史

1972 年慕尼黑奥运会惨案中，缺乏专业狙击武器的前联邦德国警察无法迅速与恐怖分子交战，造成人质大量伤亡。之后，黑克勒 – 科赫公司受命研发一种高精度，大容量弹匣，适合警用的半自动步

基本参数	
口径	7.62 毫米
空枪重量	8.1 千克
全长	1200 毫米
枪管长	650 毫米
枪口初速	868 米 / 秒
有效射程	1000 米
弹容量	5/20 发

枪，并最终在 G3 突击步枪的基础上开发出了 PSG-1 狙击步枪。由于此枪高昂的费用 (每支 12000 美元) 和美国政府的进口限制，截至 2005 年年底此枪在美国的数量不超过 400 支，而且其中绝大部分为私人收藏家所拥有。

PSG-1 狙击步枪前侧方特写

枪体构造

PSG-1 狙击步枪大量使用高技术材料，并采用模块化结构，各部件的

组合很合理，人机工效设计比较优秀。比如扳机护圈比较宽大，射手可以戴手套进行射击。重心位于枪的中心位置，稳定性较好。全枪长度较短，肩背时不易挂住障碍物，射手可以随意坐下或在林间穿行。

搭在三脚架上的 PSG-1 狙击步枪

性能解析

　　PSG-1 的精度极佳，出厂试验时每支步枪都要在 300 米距离上持续射击 50 发子弹，而弹着点必须散布在直径 8 厘米的范围内。这些优点使 PSG-1 受到广泛赞誉，通常和精锐狙击作战单位联系在一起。PSG-1 的缺点在于重量较大，不适合移动使用。此外，其子弹击发之后弹壳弹出的力量相当大，据说可以弹出 10 米之远。虽然对于警方的狙击手来说不是个问题，但却很大程度上限制了其在军队的使用，因为这很容易暴露狙击手的位置。

PSG-1 狙击步枪右侧方特写

服役记录

　　PSG-1 狙击步枪目前被德国联邦警察第九国境守备队、特别行动突击队、德国联邦国防军特种部队指令部所使用。

枪盒中的 PSG-1 狙击步枪

10 秒速识

所有的 PSG-1 狙击步枪都没有机械瞄具，而是装备有照明分划板的 Hensoldt 6×42 瞄准镜，浮动重型枪管和可调节枪托，枪托是由高密塑料制成，黑色粗糙表面。

德国 MSG90 狙击步枪

MSG90 是德国黑克勒·科赫公司研制的一款半自动军用狙击步枪，是以 PSG-1 狙击步枪为基础改进而来的。

研发历史

黑克勒·科赫公司研制的 PSG-1 狙击步枪拥有极高的射击精度，不过其价格太高，重量太重，且射击时弹壳弹出的力道太大，射击后常常找不到弹出的弹壳，

基本参数	
口径	7.62 毫米
空枪重量	6.4 千克
全长	1165 毫米
枪管长	600 毫米
枪口初速	800 米 / 秒
有效射程	800 米
弹容量	5/20 发

虽然这些缺点对于特警队而言并不会造成太大的问题，但对军方在战场上运用来说，就会造成了极大的不便。为了改变这种局面，黑克勒－科赫开始对 PSG-1 进行改良，试图让其符合军事用途。黑克勒－科赫将 PSG-1 的设计简化，减轻枪身各部的重量，并使用轻量化的枪管，达到了降低成本及减轻重量的目标，而成品就是 MSG90 狙击步枪。

MSG90 狙击步枪后侧方特写

枪体构造

MSG90 狙击步枪同黑克勒－科赫公司研制的所有步枪一样，也是采用半自由枪机式工作原理，滚柱闭锁方式。MSG90 使用了加厚的重型枪管，所以全枪重量比较大。重枪管主要是在射击时依靠枪管自身的重量减小枪管的振动，基于同样的目的，枪口部没有安装消焰器、制退器之类的任何枪口装置。

MSG90 狙击步枪局部特写

性能解析

MSG90 作为世界上最精确半自动步枪的原因是因为它有控制得极其严格的制造公差，所有的零件几乎是完美的结合。出厂试验时，每支步枪都要在 300 米距离上持续射击 50 发子弹，而弹着点必须散布在直径 8 厘米的范围内。

搭在两脚架上的 MSG90 狙击步枪

10 秒速识

MSG90 的握把为比赛步枪用的握把，塑料枪托的长度可调，枪托上的贴腮板高低可调，护木上有安装背带环和两脚架的 T 形导轨。该枪未装机械瞄准具，只配有放大率为 12 倍的瞄准镜。机匣上还配有瞄准具座，可以安装任何北约制式的夜视瞄准具或其他光学瞄准镜。

安装有消音器的 MSG90 狙击步枪

德国 DSR-1 狙击步枪

DSR-1 是由德国 DSR 精密公司 (DSR-Precision GmbH) 研制的一款紧凑型无托狙击步枪。

研发历史

DSR-1 狙击步枪是由德国 DSR- 精密 公司 (DSR-Precision GmbH) 和优秀射手支队队员密切合作其共同研制、生产及销售以及由德国 AMP 技术服务公司 (AMP Technical Services) 生产及销售（直到 2004 年结束）的一支专门为警方神枪手所使用的紧凑型无托结构狙击步枪。

基本参数	
口径	7.62 毫米
空枪重量	5.9 千克
全长	990 毫米
枪管长	650 毫米
枪口初速	340 米 / 秒
有效射程	800 ～ 1500 米
弹容量	4/5 发

搭在两脚架上的 DSR-1 狙击步枪

枪体构造

DSR–1 狙击步枪系统是一把并非由猎用步枪或标准军用步枪修改而成的专业狙击步枪，使用了无托结构设计，从结构来说，直枪托，采用模块化结构，各部件的组合非常合理。对于旋转后拉式步枪来说，采用无托结构由于拉机柄的位置太靠后，造成拉动枪机的动作幅度较大和用时较长，但由于 DSR–1 的定位是警用狙击步枪，强调首发命中而非射速，用在正确的场合时这个缺点并不明显。

DSR-1 狙击步枪局部特写

性能解析

DSR–1 狙击步枪的预期精度很高：一些资料来源指出在搭配比赛等级的弹药和有利的环境条件以下可以达到小于 0.2 角分 (MOA) 的准确度。在

2003 年 10 月德国枪械杂志 Visier 上的一篇关于 DSR-1 的报道文章提及使用 DSR-1 的原厂生产的弹药进行射击测试，暗示其具有不小的射击精度潜力。

DSR-1 狙击步枪上方视角

衍生型号

型　号	特　点
DSR-1 亚音速型	改进使用 7.62×51 毫米北约亚音速弹药的弹道表现
DSR-50 狙击步枪	DSR-1 系列步枪的最大口径及膛室版本

DSR-50 狙击步枪

服役记录

目前，除德国联邦警察第 9 国境守备队 (GSG-9) 和特别行动突击队

(SEK) 以外，奥地利 GEO 特警队、爱沙尼亚警察部队、卢森堡特警部队、拉脱维亚军队、马来西亚皇家空军反恐特种部队和西班牙警察部队等单位也采用了 DSR–1 狙击步枪。

10 秒速识

DSR–1 狙击步枪的机匣由铝合金制造，并向前延伸形成带散热孔的枪管护罩，向后延伸连接枪托底板。机匣顶部有全长式的 MIL–STD–1913 战术导轨，可折叠式两脚架安装在护木顶部的 MIL–STD–1913 战术导轨以上 (也就是枪管以上)。握把和两个弹匣插座为一个整体塑料底座，安装在机匣下方。

DSR-1 狙击步枪右侧方特写

法国 FR–F1 狙击步枪

FR–F1 是法国地面武器工业公司 (GIAT) 在 MAS 36 手动步枪和 MAS

49/56 半自动步枪的基础上改进而来的狙击步枪。

研发历史

　　20 世纪 60 年代初，法国军队迫切需要一种步枪以执行特殊战斗任务、打击重要目标。

　　法国地面武器工业公司在 MAS 36 手动步枪和 MAS 49/56 半自动步枪的基础上，研制出 7.5 毫米 FR-F1 狙击步枪

基本参数	
口径	7.5 毫米
空枪重量	5.2 千克
全长	1200 毫米
枪管长	650 毫米
枪口初速	780 米／秒
有效射程	800 米
弹容量	10 发

的样枪，经全面试验后，于 1964 年完成定型，随后装备法国陆军。后来，为了减轻后勤负担、方便使用，法国地面武器工业公司 (GIAT) 又研制了发射 7.62 毫米北约制式弹的 FR-F1 狙击步枪。这两种口径的 FR-F1 狙击步枪都曾装备法国军队，并服役多年，到 20 世纪 80 年代中期以后，才逐步被 FR-F2 狙击步枪所取代。

FR-F1 狙击步枪上方视角

枪体构造

　　FR-F1 狙击步枪采用与旧式的 MAS-36 步枪相同的枪机设计，所以该步枪采用了 MAS-36 式步枪上的部分零部件和机构，如击针、击针簧、抽壳钩、击发阻铁、阻铁簧、空仓挂机等。FR-F1 采用旋转后拉式枪机，只能进行单发射击。由于其质量、自由浮动式枪管和有效的加上枪口制退器

和稳定装置，因此枪管振动大大减少。

FR-F1 需要射击时，将拉机柄向上转动，此时机头旋转，压迫击针后缩，并使击针簧处于压缩状态，在枪机旋转过程中，抽壳钩突出，卡入弹膛内弹壳的底缘槽内，在枪机后拉时，将弹壳从弹膛拉出来，完成抽壳，当弹壳撞击机匣左侧的抛壳挺时，弹壳从枪机上被撞下来，并从步枪右侧的抛壳窗抛出。枪机向前运动过程中，将弹匣内最上面的一发弹推入弹膛，在推弹过程中，阻铁顶起凸轮，凸轮转动，使击针回缩，呈待击状态。

衍生型号

型　号	特　点
FR-F2	FR-F1 的升级版本，使用 7.62 毫米北约弹药

FR-F2 狙击步枪左侧方特写

服役记录

FR-F1 狙击步枪自生产后便装备法国陆军，主要是作为步兵分队的中、远程狙击武器，打击重点目标。到 1980 年中期以后，才逐步被新一代的 FR-F2 所取代，而 FR-F1 也于 1980 年正式停产。

10 秒速识

FR-F1 的枪托用胡桃木制成，底部有硬橡胶托底板。该枪的机械瞄准具由带荧光点的平头棱锥形准星及护圈、缺口式照门组成，枪上也有瞄准镜座，其使用的两脚架采用可折叠的两节伸缩式架杆。

FR-F1 狙击步枪左侧方特写

法国 FR–F2 狙击步枪

FR–F2 是 FR–F1 狙击步枪的改进型，从 20 世纪 80 年代中期开始逐步取代 FR–F1 装备法国军队。

研发历史

FR–F2 狙击步枪是法国地面武器工业公司在 7.62 毫米 FR–F1 狙击步枪的基础上改进而成的，1984 年年底完成设计定型，从 20 世纪 80 年代中期开始逐步取代 FR–F1，装备法国军队直到现在，

基本参数	
口径	7.62 毫米
空枪重量	5.3 千克
全长	1200 毫米
枪管长	650 毫米
枪口初速	820 米／秒
有效射程	800 米
弹容量	10 发

装备级别和战术使命与 FR–F1 式狙击步枪完全相同。

搭在两脚架上的 FR-F2 狙击步枪

枪体构造

FR-F2 狙击步枪是在 FR-F1 式狙击步枪的基础上研制的，其基本结构如枪机、机匣、发射机构都与 FR-F1 一样。主要改进之处是改善了武器的人机工效。FR-F2 狙击步枪采用旋转后拉式枪机，射击仍用非自动方式。

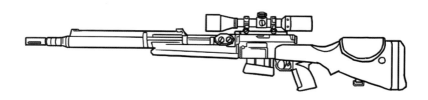

FR-F2 狙击步枪示意图

性能解析

FR-F2 的特点是精度高、威力大、声音小，适合中远距离隐藏偷袭，由于是 FR-F1 的改进版，该武器的总体性能得到了极大的提高，也使其成为当今世界最优秀的狙击步枪之一，主要用于在较远距离上打击重要目标，如恐怖分子中的主要人物、劫持人质的要犯等。

狙击手正在使用 FR-F2 狙击步枪

服役记录

　　由于 FR–F2 的射击精度很高，从 20 世纪 90 年代开始便成为法国反恐怖部队（如法国宪兵特勤队）的主要装备之一，直到现在，FR–F2 仍然普遍装备法国军队，在陆军的每个步兵排都装备有 FR–F2。

装备 FR-F2 狙击步枪的法国士兵

10 秒速识

FR-F2 的外形尺寸与 FR-F1 相同，主要的改进是：护木改成金属，外覆一层塑料，两脚架更加粗壮结实，并移到机匣前端，枪管上套有一个塑料制的隔热套，这个隔热套是 FR-F2 与 FR-F1 最明显的区别。

FR-F2 狙击步枪右侧方特写

奥地利 TPG-1 狙击步枪

TPG-1 是奥地利尤尼科·阿尔皮纳公司生产的模块化、多种口径设计、高度战术应用的竞赛型手动狙击步枪。

研发历史

TPG-1 原为法国尤尼科·阿尔皮纳 (Unique Alpine) 公司所设计、开发。后来由于尤尼科·阿尔皮纳公司倒闭，项目被转移至德国并且在德国组装生产，而零部

基本参数	
口径	8.59 毫米
空枪重量	6.2 千克
全长	1230 毫米
枪管长	650 毫米
最大射程	1500 米
弹容量	5 发

件则由德国和奥地利共同制造。TPG-1 在 2006 年举行的第 33 届国际狩猎与运动武器展览会（IWA2006）上正式推出，其名称中的 "TPG" 是德语

"Taktisches Präzisions Gewehr" 的缩写，意为 "战术精密步枪" 。

TPG-1 狙击步枪及配件

枪体构造

TPG-1 为手动狙击步枪，采用旋转后拉式枪机，具有不同口径的多种型号，通过更换枪管和枪机组件即可快速实现不同型号之间的转换。TPG-1 使用厚重的钢制旋转后拉式枪机，非常容易拆卸和维护，枪机尾部是 TPG-1 的手动保险。枪机可以分解为枪机主体、击针组件和手动保险三个部分。

TPG-1 狙击步枪不完全分解图

TPG-1 狙击步枪后侧方特写

性能解析

　　TPG-1 的外观设计特别，设计符合人体工学。除了拥有极高的精度，该枪的最大特点就是模块化，结构简单，性能可靠，并且生产成本低，是一支性价比相对较高的武器。

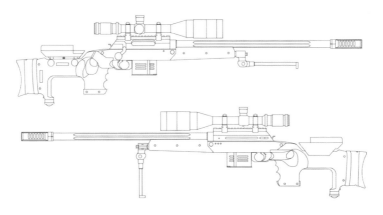

TPG-1 狙击步枪示意图

10 秒速识

　　TPG-1 狙击步枪使用优质铝合金材料制造的机匣，机匣的顶部（12 点位置）装有全长的 MIL-STD-1913 战术导轨，没有内置其机械瞄具。枪托本体同样地采用优质铝合金材料，浇铸式塑料制造的手枪握把表面加工有着如搓纹革般的凸凹纹路，手枪握把上具有手指凹槽。

TPG-1 狙击步枪上方视角

奥地利 SSG 69 狙击步枪

SSG 69 是奥地利斯泰尔·曼利夏公司研制的旋转后拉式枪机狙击步枪，目前是奥地利陆军的制式狙击步枪。

研发历史

二战结束后，奥地利联邦国防军曾使用过美制 M1903A4 狙击步枪，后来又采用了德制毛瑟 98K 步枪，该枪在奥地利被称为 SSG 59 狙击步枪。在北约确定 7.62×51 毫米枪弹为制式枪弹后，SSG

基本参数	
口径	7.62 毫米
空枪重量	3.9 千克
全长	1140 毫米
枪管长	650 毫米
枪口初速	860 米／秒
有效射程	800 米
弹容量	5 发

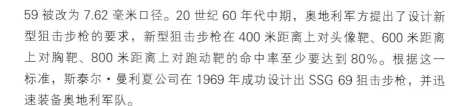

59 被改为 7.62 毫米口径。20 世纪 60 年代中期，奥地利军方提出了设计新型狙击步枪的要求，新型狙击步枪在 400 米距离上对头像靶、600 米距离上对胸靶、800 米距离上对跑动靶的命中率至少要达到 80%。根据这一标准，斯泰尔·曼利夏公司在 1969 年成功设计出 SSG 69 狙击步枪，并迅速装备奥地利军队。

枪体构造

SSG 69 是一支使用曼利夏系统的手动狙击步枪，只需转动 60 度就能开锁及闭锁的枪机和可调整扳机行程长短、扳机扣力大小的两道火式设计扳机使其具有高准确性。SSG 69 有两种供弹形式。第一种是 5 发可拆卸式旋转式弹匣，与旋转式弹仓一样是把子弹在弹匣以内旋转上升进入膛室；第二种是 10 发容量的可拆卸双排式弹匣。

SSG 69 狙击步枪局部特写

性能解析

专门执行反恐任务的奥地利宪兵突击队 (GEK) 的射手用 SSG69 可以在100 米处击中一枚硬币、500 米处命中头像靶、800 米处命中胸环靶。显然这个成绩大大超出奥地利军队最初提出的设计指标，特别是在远距离上仍然保持了很好的射击精度。

搭在两脚架上的 SSG 69 狙击步枪

衍生型号

型 号	特 点
SSG 69	初期的军用型版本
SSG 69 PI	SSG 69 的民用型运动步枪版本
SSG 69 PII	SSG 69 的长枪管警用型版本
SSG 69 PIV	SSG 69 的短枪管警用型版本

SSG 69 PI 狙击步枪

服役记录

目前 SSG 69 被广泛地使用于被德国联邦警察第九边境守卫队（德语：Grenzschutzgruppe 9 der Bundespolizei，GSG–9），还被美国海关及边境保卫局（United States Border Patrol）边防巡逻战术部队（Border Patrol Tactical Unit，BORTAC）所采用。

SSG 69 狙击步枪右侧方特写

10 秒速识

SSG 69 枪管采用冷锻工艺制造，枪管外部刻上了冷锻留下的螺旋形纹路，SSG 69 的枪管只与节套连接，与护木无接触点，表面采用磷化处理，无反光。SSG 69 的枪托、扳机护圈和弹仓等部件采用工程塑料。枪托内部中空，枪机体前端的弹底窝较深。

奥地利 Scout 狙击步枪

Scout 是奥地利斯泰尔·曼利夏公司于 20 世纪 90 年代初研制的手动狙击步枪。

研发历史

20 世纪 80 年代，美国海军陆战队退役的枪械专家杰夫·库珀提出了一种叫作"向导步枪"（General-Purpose Rifle）的构思，并定义出这种命名为"Scout Rifle"通用步枪的规格，包括便于携带、个人操作的武器，能击倒重量 200

基本参数	
口径	7.62 毫米
空枪重量	3.3 千克
全长	1039 毫米
枪管长	415 毫米
有效射程	400 米
弹容量	5/10 发

千克的有生目标，最大长度为 1 米，总重不超过 3 千克等。此后，有一些人根据库珀定出的标准用市面上的商业枪支进行改装，使枪支达到或接近标准。1990 年，斯泰尔·曼利夏公司推出了一种按照这些标准设计并命名为"Scout"的狙击步枪。

Scout 狙击步枪上方视角

枪体构造

Scout 狙击步枪为一款手动枪机式通用狙击步枪，采用的枪机为斯泰尔公司研制的安全枪机。此枪可采用多种弹药，一般以 5 发或 10 发容量的弹匣供弹 (.376 口径型则为 4 发或 8 发)，备用弹匣可存放于枪托内。滚轮式安全装置中具有"锁定"、"装填"及"待发"三种模式。

Scout 狙击步枪侧方特写

性能解析

Scout 狙击步枪便于携带，能击倒重量 200 千克的有生目标，最大长度为 1 米，总重在 3 千克左右，其他特点还包括威力大、精确、坚固耐用和外形美观等。

黑色涂装的 Scout 狙击步枪

服役记录

Scout 狙击步枪目前除了被奥地利联邦内务部眼镜蛇作战司令部所采用，还被科索沃解放军于科索沃战争期间使用。美国陆军三角洲部队也有装备 Scout 狙击步枪。

Scout 狙击步枪前侧方特写

10 秒速识

Scout 的枪托由树脂制成，重量很轻。枪托下有容纳备用弹匣的插槽和附件室，枪托前方有整体式两脚架，向下压脚架释放钮就可以打开两脚架。弹匣容量为 5 发，由合成树脂制成，弹匣两侧有卡笋。在机匣顶部有瞄准镜座，可以安装各种瞄准镜，枪管上方也有瞄准镜座。

搭在两脚架上的 Scout 狙击步枪

奥地利 HS50 狙击步枪

HS50 是奥地利斯泰尔·曼利夏公司研制的单发手动狙击步枪，发射 12.7×99 毫米口径步枪弹。

研发历史

HS50 狙击步枪于 2004 年 2 月在拉斯维加斯的枪械展览会上首次公开展示，由奥地利斯泰尔·曼利夏公司研制及生产，后来根据用户的需求，一款以弹匣供弹的

基本参数	
口径	12.7 毫米
空枪重量	12.4 千克
全长	1370 毫米
枪管长	833 毫米
有效射程	1500 米
弹容量	1 发

改型亦随即推出。该改型以 5 发容量的弹匣供弹，弹匣装在枪的左边，这种设计类似于南非的 NTW-20。

搭在两脚架上的 HS50 狙击步枪

枪体构造

HS50 的枪机为手动操作的旋转后拉式，机头采用双闭锁突榫，两道火扳机的扳机力为 1.8 千克。该枪为单发式手动步枪，这说明了它没有弹匣，装填时射手需把子弹装入抛壳口，再透过枪机把子弹推进膛室内。

枪盒中的 HS50 狙击步枪

性能解析

　　HS50 具有相当优异的精确度，有效射程能够达到 1500 米。在可调试两脚架及高效能枪口制退器的作用下，HS50 狙击步枪能够有效地减低后坐力，从而增加射击时的舒适感。

HS50 狙击步枪及弹匣

衍生型号

狙　击	特　点
HS 460	针对某些禁止公民拥有 .50 口径枪弹的国家或地区而研制
HS 50 M1	以 5 发容量的弹匣供弹的改型

HS 460 狙击步枪局部特写

服役记录

  HS50 步枪目前被奥地利陆军特种部队狩猎突击队及其他特种部队所采用。伊朗于 2006 年购入了 800 支 HS50 步枪，并被仿制成"AM-50 Sayyad"在伊朗伊斯兰共和国军队中服役。

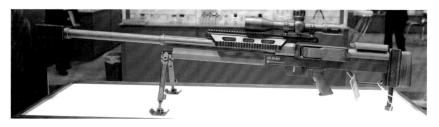

HS 50 M1 狙击步枪

10 秒速识

  HS50 步枪重型枪管上有凹槽，配有高效制退器，没有机械瞄准具，通过皮卡汀尼导轨安装瞄准装置，整体式可折叠可调两脚架。

HS50 狙击步枪后侧方特写

瑞士 SSG 3000 狙击步枪

　　SSG 3000 是瑞士 SIG 公司于 1984 年推出的一款 7.62 毫米口径狙击步枪，在欧洲及美国的执法机关和军队中比较常见。

研发历史

　　SSG 3000 是以 Sauer 2000 STR 比赛型狙击步枪为蓝本设计而成的警用狙击步枪，1997 年开始生产。SSG 是德语"Scharf Schutzen Gewehr"的简称，意为"精确射手步枪"。2000 年，SIG 公司将其轻武器分部卖给了一家名为"绍尔轻武器公司"的私营公司，此后，SSG 3000 的名字前面的"SIG"的字样就被"Sauer"所取代，全称为"Sauer SSG 3000"。新型的 SSG 3000 狙击步枪改用了新型的麦克米兰 (McMillan) 玻璃钢枪托，名称上称为"战术步枪"。

基本参数	
口径	7.62 毫米
空枪重量	5.44 千克
全长	1180 毫米
枪管长	600 毫米
有效射程	900 米
枪口初速	900 ～ 830 米 / 秒
弹容量	5 发

SSG 3000 狙击步枪左侧方特写

枪体构造

SSG 3000 狙击步枪采用模块式构造，枪管和机匣为一个组件，而扳机组和弹仓为一个组件，主要零件都可以快速转换，并以长行程旋转后拉式枪机操作。与欧洲狙击步枪不同，SSG 3000 的瞄准镜架、两脚架安装孔都是采用美国产品的标准规格，因此可以使用不同形式的哈里斯两脚架、Leupold 瞄准镜等市面上流行的配件。两道火扳机既可单动，又可双动，其行程和扳机力可调。扳机上方的保险卡销将扳机、击针和枪机锁住。击针头上的膛内有指示销显示枪机已经闭锁。

SSG 3000 狙击步枪上方视角

性能解析

SSG 3000 狙击步枪的设计十分符合人体工程学，即使射手长时间抵肩射击也不会觉得疲劳。该枪的枪托、枪机和机匣整个系统都可以改为左撇子射手操作的系统，因此适用性很强。

服役记录

SSG 3000 在欧洲及美国的执法机关（甚至军队）中比较常见，主要使用国包括巴西、智利、哥伦比亚、捷克、印度、挪威、斯洛伐克、韩国、泰国、美国和英国等。

SSG 3000 狙击步枪右侧方特写

10 秒速识

SSG 3000 的重型枪管是由碳钢冷锻而成，与机匣是以螺接连接在一起。枪管外壁带有传统的散热凹槽，而枪口位置亦带有圆形凹槽。早期型 SSG 3000 采用的是木制枪托，其后改为黑色麦克米兰 (McMillan) 玻璃钢枪托，并在枪身两侧皆有开槽。

SSG 3000 **狙击步枪局部特写**

比利时 FN SPR 狙击步枪

FN SPR(Special Police Rifle，特警步枪)是由比利时国营赫斯塔尔公司 (FN) 研制的手动枪机狙击步枪。

研发历史

FN SPR 狙击步枪是由美国连发武器公司 (目前为 FN 的子公司之一) 所研发及生产，并根据 FN 的规格以温彻斯特

基本参数	
口径	7.62 毫米
空枪重量	5.13 千克
全长	1117.6 毫米
枪管长	609.6 毫米
弹容量	4 发

M70 旋转后拉枪机式步枪为蓝本进行了大量改进而成，主要发射 7.62×51 毫米北约口径 (或是民用狩猎市场的 .308 Winchester) 步枪子弹。

FN SPR 狙击步枪及子弹

枪体构造

FN SPR 延续了 M70 所采用的"约束式进弹"系统（Controlled feed），即枪弹在被推进弹膛的过程中，弹壳始终牢固地特 M70 的两道火扳机，扳机力为 20 牛顿，并且可以按照使用者的喜好进行调节。保险位于枪机尾部右侧，当保险杆扳到最右侧时，为待击状态，可以清晰地看到保险部分的"FIRE"（发射）字样，使用者可以随时进行射击；当保险杆处于中间位置时，则可以锁住扳机和击针并使二者无法运动，不过枪机仍然可以正常旋转和前推后拉运动，以便进行抛壳或装弹；当保险杆指向最后方位置时为保险状态，可以起到完全保险作用。

FN SPR 狙击步枪上方视角

性能解析

FN SPR 狙击步枪始终能够保持较高的精度 (0.5MOA) 和非常低的维护，其最大特点是内膛镀铬的浮置式枪管和合成枪托。内膛镀铬的好处是枪管更持久、更耐腐蚀和易于清洁维护。但镀铬枪管可能会使准确度下降，在手动枪机的狙击步枪中非常罕见。

FN SPR 狙击步枪后侧方特写

衍生型号

型　号	特　点
FN SPR 第一代	HS 精确射击型枪托
FN A1	麦克米兰 A3 式枪托，609.6 毫米重枪管
FN A1a	麦克米兰 A3 式枪托，508 毫米重枪管
FN A2	麦克米兰 A4 式枪托，609.6 毫米重枪管
FN A4 射击系统	FN A2 的加装瞄准镜和两脚架版本
FN A3 G	麦克米兰 A3 式枪托，609.6 毫米重连凹槽式枪管
FN A3 G 射击系统	FN A3 G 的加装瞄准镜和两脚架版本
FN A5 M	麦克米兰 A5 式枪托，609.6 毫米重连凹槽式枪管
FN A5 M 射击系统	FN A5 M 的加装瞄准镜和两脚架版本

服役记录

　　FN SPR 狙击步枪于 2004 年被联邦调查局人质拯救队所批准并且采用。它是联邦调查局人质救援小组的两种手动狙击步枪之一（使用的是 HS 的精确射击型 HTR 枪托）。联邦调查局的衍生型号名为 FNH SPR–USG(USG，US Government，美国政府型），也是 FN A3 G 的一种衍生型号。

对外展出的 FN SPR 狙击步枪

10 秒速识

FN SPR 的机匣由锻钢制造，枪管是自由浮动式锤锻式重型枪管，枪管内膛进行了镀铬处理。SPR 步枪第一代的 HS 精密射击 (HS Precision) 枪托可能是铝块制造的底盘，后来的枪托都是麦克米兰 A3 式手工玻璃钢底盘战术枪托。钢制弹匣底部带有聚合物制造的底座，弹匣左侧刻有表示其口径的 "308 WIN" 的铭文。

FN SPR 狙击步枪左侧方特写

比利时 FN "弩炮" 狙击步枪

FN "弩炮" (Ballista) 是比利时国营赫斯塔尔公司 (FN) 在奥地利 TPG-1

狙击步枪的基础上改进而来的手动狙击步枪。

研发历史

FN "弩炮" 狙击步枪的研发目的是参与 2009 年 1 月 15 日美国特种作战司令部发出的一项名为 "精密狙击步枪" 的招标计划。比利时 FM 公司并没有在一开始就参与这项竞标，而是以后才与奥地利尤尼科·阿尔皮纳公司合作，并在

基本参数	
口径	8.58 毫米（最大）
空枪重量	6.8 千克
全长	730 毫米
枪管长	610 毫米
有效射程	1800 米
枪口初速	915 米／秒
弹容量	5/8/10 发

TPG-1 狙击步枪的基础上推出 FN "弩炮" 狙击步枪。2012 年 1 月，该枪曾在美国内华达州拉斯维加斯举办的 SHOT Show 上展出。

枪体构造

"弩炮" 狙击步枪是一款采用了模块化设计的旋转后拉式手动枪机狙击步枪，枪机可以分解为枪机主体、击针组件和手动保险三个部分。"弩炮" 狙击步枪向使用者提供两种不同类型的扳机系统作为选择，第一种是一道火扳机，而另一种则是两道火扳机。这是考虑到大多数的军用型狙击步枪采用的是一道火扳机系统，而大多数的警用及民用型狙击步枪则是采用两道火扳机系统。两种扳机系统的扳机扣力都在 8.89、13.35、22.23 牛顿之间完全可调节。"弩炮" 狙击步枪的主要手动保险在枪机尾部，当使用拇指向下按动保险到位就处于保险位置，保险会卡住击针以起到保险作用；而当使用拇指向上扳动保险就处于待击位置，可以随时扣动扳机进行射击。

不完全拆解后的 "弩炮" 狙击步枪

FN "弩炮" 狙击步枪前侧方特写

性能解析

　　"弩炮" 狙击步枪有三种口径，分别为 7.62×51 毫米、7.62×67 毫米和 8.58×70 毫米。三种口径的枪管等部件可以使用工具进行快速更换，而且可以在 2 分钟以内更换完毕。"弩炮" 狙击步枪性能优良、准确性高，并且非常容易拆卸和维护。

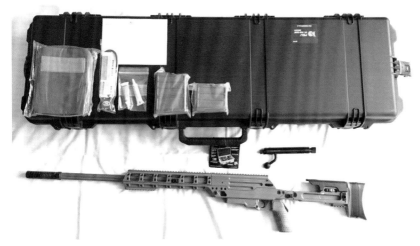

"弩炮" 狙击步枪及配件

服役记录

　　"弩炮" 狙击步枪有民用型与警用型，目前主打民用市场，少量装备美国警察部门。

枪展上展出的 "弩炮" 狙击步枪

10 秒速识

　　"弩炮" 使用精密不锈钢制造的比赛等级自由浮置式锤锻式凹槽枪管，枪管外表面有纵向长型散热凹槽。前托为八角形设计，除了上、下、左、右具有 MIL–STD–1913 战术导轨，护木的左上方、右上方、左下方和右下均预留有战术导轨片安装孔。弩炮狙击步枪的长筒状上机匣可说是全枪的核心组件，由高强度及高隔振的铝合金所制造而成。顶部使用螺丝固定有一段 MIL–STD–1913 战术导轨，机匣右侧前方刻有英文 " Unique Alpine AG"（尤尼克阿尔卑斯公司）、FN、"Ballista"（弩炮）、制造地点和三种不同口径的铭文。而 "弩炮" 狙击步枪的下机匣也是由高强度铝合金制造而成。

南非 NTW–20 狙击步枪

　　NTW–20 大口径狙击步枪是一种远距离反器材步枪，拥有强大的火力，

具有南非特色。

研发历史

  NTW–20 狙击步枪的研制始于 1995 年 8 月，最初是由南非的埃罗泰柯公司设计出了工作原理样机，然后南非主要的军火商丹尼尔集团旗下的米切姆分公司购买了这项设计的所有权利。设计完成后的 NTW–20 拥有 20 毫米和 14.5 毫米两种

基本参数	
口径	20 毫米
空枪重量	26 千克
全长	2015 毫米
枪管长	1000 毫米
有效射程	1500 米
枪口初速	720 米／秒
弹容量	3 发

型号，并且能很容易地从一个型号转换到另外一种型号，只是将枪管、枪机、弹匣和瞄准镜等简单替换，在作战状态中大约不超过 1 分钟。经过军队试验后，南非国防军在 1998 年正式采用 NTW–20，同时丹尼尔集团对外出口。

NTW-20 狙击步枪局部特写

枪体构造

  NTW–20 采用枪机回转式工作原理，枪口设有体积庞大的双膛制动器，可以将后坐力保持在可接受的水平。NTW–20 总共有三种抑制后坐力的零件，分别是枪身内部的液压缓冲器、缓冲弹簧以及枪口的制退挡板。 位于枪身内部的液压缓冲器和缓冲弹簧，两者是一起运作的，这种运作方式和火炮的制退系统有点类似，击发时，液压缓冲器会先接下强大的冲力，降到一定程度后再由缓冲弹簧接手，液压缓冲器还可以因应气候的不同，而从液压式改为气压式，而枪口的制退挡板则号称可以吸收 50% 的后坐力。

NTW-20 狙击步枪及子弹

性能解析

一般狙击枪通常是以高精准度、打人为主，不过 NTW-20 的设计走向和这种传统武器完全不同，它是真正的反器材步枪，也就是以高破坏力的弹药，击毁目标的关键部位并将其无效化。比如射击雷达、储存油料或者炮台。除了特种作战性质外的反器材任务外，NTW-20 也可以当作一种比轻型迫炮更精准的支援武器，用来射击敌方的机枪阵地或碉堡等目标。

射击中的 NTW-20 狙击步枪

服役记录

NTW–20 的使用者并不多，最主要的用户还是开发国南非的南非国防军，自 1998 年起第一批采购了 30 支，之后的数量不明，此外印度特种部队、以色列与沙特阿拉伯也有采购。

NTW-20 狙击步枪后侧方特写

10 秒速识

NTW–20 枪管被 6 个凸块锁住，装备一件 8 倍放大瞄准镜，安装在可拆卸座架上的瞄准镜带有视差调节功能，以及整体式弹道高低修正钮，并没有设计安装普通瞄准具。折叠双脚架安装在枪匣下，一个手提把手和一个瞄准镜保护框架安装在枪匣上面。

NTW-20 狙击步枪枪管特写

第 5 章
重机枪

重机枪是指装配有固定枪架，能长时间连续射击的机枪，由枪身、枪架、瞄准装置三大部分组成。其特点是重量重，枪架稳定，有好的远距离射击精度和火力持续性，能较方便地实施超越、间隙、散布射击，特别适合用来对付冲锋的敌人。

美国 M1917 重机枪

　　M1917 重机枪是美国著名枪械设计师勃朗宁研发的美军制式武器，是一战和二战期间美军的主力重机枪。

研发历史

　　一战爆发后，美军使用的重机枪是从法国购买的 M1915 机枪，但是该枪无法满足美军要求。所以，美国军方希望能够在国内寻找一种更加优秀的机枪来替代它。这时勃朗宁设计的重机枪引起了美国国防部的注意，随后，美国战争部的一个委员会对该枪进行了射击试验。但是在射击试验多达 2 万发枪弹后，依然有人质疑勃朗宁机枪的性能。

基本参数	
口径	7.62 毫米
空枪重量	47 千克
全长	965 毫米
枪管长	610 毫米
枪口初速	853.6 米／秒
最大射程	900 米
弹容量	250 发

　　之后，勃朗宁又拿出一款使用加长单弹链的机枪，并在美国战争部的手里进行了长达 48 分 12 秒的连续射击试验，美军对这款机枪的表现非常满意，随后就与勃朗宁签订了购买合同。1917 年，该枪被美军作为制式武器，并命名为 M1917 重机枪。

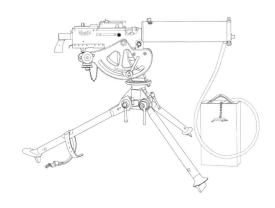

M1917 重机枪示意图

枪体构造

　　M1917 采用短行程后坐作用式，射击后，火药气体作用于弹壳底部，推动枪机和枪管一同后坐 8 毫米。随后，机匣中的两个开锁斜面同时下压闭锁卡铁两侧销轴，迫使闭锁卡铁滑出枪机下部的闭锁槽，于是枪机开锁，脱离枪管和节套，单独后坐。开锁后，枪管和节套在后坐中猛击旋转式加速杆，加速杆上端撞击枪机下面的突出部，在加速枪机后坐的同时，减慢枪管后坐速度。枪机在后坐、复进的过程中，完成一系列抛壳、供弹等动作。

M1917 重机枪右侧方特写

性能解析

M1917 重机枪火力猛，动作可靠，该枪体积不算太大，但是算上脚架却有 47 千克的重量，因此显得非常笨重。由于 M1917 式勃朗宁重机枪采用水冷结构，所以在高寒及无水地区不便使用。

衍生型号

型　　号	特　　点
M1919	风冷式型号
Ksp M/36 重机枪	瑞典特许生产型
M2 勃朗宁重机枪	按照 M1917 机枪按比例放大而成

勃朗宁 M1919 重机枪

服役记录

M1917 由一战末期美国参战开始成为美军主力重机枪，直至二战在太平洋群岛的争夺战当中仍是主力火力支援武器，其间证明其可靠性极佳，即使连续射击了 39500 发子弹也只有一个零件故障，因此即使美军装备了风冷式的 M1919，但 M1917 仍被继续使用。

10 秒速识

M1917 重机枪机匣呈长方体结构，内装自动机构组件。该枪还配有三脚架，准星为片状，可做横向调整；表尺为立框式，可修正风偏。

保存在博物馆内的 M1917 重机枪

Mitrailleuse américaine
Browning Modèle 1917 M
Calibre 7.62 M

美国 M134 重机枪

M134 重机枪由通用电气公司 (现为洛克希德·马丁公司) 制造，主要装备于武装车辆、舰船以及各型飞机。

研发历史

M134 重机枪的设计概念是源自 19 世纪中期由理查·加特林所开发的加特林机枪，于 1963 年研发，并在当年服役，美国陆军型号称为 M134 型速射机枪，美国空军型号称为 GAU-2 B/A 型，美国海军型号称为 GAU-17/A 型。

基本参数	
口径	7.62 毫米
空枪重量	15.9 千克
全长	800 毫米
枪管长	559 毫米
枪口初速	869 米 / 秒
最大射程	1000 米
供弹方式	500 ～ 5000 发弹链

装备在战车上的 M134 重机枪

枪体构造

M134 采用加特林机枪的原理，用电动机带动六根枪管旋转，在每根枪管回转一圈的过程中，它所对应的枪机则在和枪管一起旋转的旋转体上的导槽内做往复直线运动，依次进行输弹入膛、闭锁、击发、退壳、抛壳等一系列动作，所以射速极高。由于射速是由直流电动机 (28 伏) 的转速来确定的，所以只要改变电流大小，就获得从 300 发 / 分到 6000 发 / 分的任意一个射速，但在大多数情形下，M134 的射速一般只设置到 2000 发 / 分至 4000 发 / 分。

M134 的脱链供弹机结构十分复杂，其供弹动作是在旋转体的带动下完成的，脱链方式为纵向直推。弹链通过柔性输弹道进入脱链供弹机，如果输弹道较长 (1.5 米以上)，或是曲率半径太小，则通常会在弹箱上再装一个输弹助推电动机。

性能解析

M134 重机枪高速旋转的枪管会因离心力的作用导致射击散布增大，但射速高、火力强这两点能弥补精度的不足，反而使得 M134 成为一种十分有效的杀伤集团有生目标武器。由于该枪火力威猛、弹速密集，常常被戏称为 "迷你炮"。

M134 重机枪局部图

衍生型号

型　号	特　点
GAU-2/A	7.62×51 毫米 NATO 六管机枪
GAU-2A/A	GAU-2/A 改进型，差别不详
GAU-2B/A	GAU-2A/A 改进型
GAU-17/A	结合发动机及 MAU-201/A 或 MAU-56 供弹系统的固定版本
XM196	加入扣链齿轮，对应 AH-56 直升机的 XM53 武器系统

M134 重机枪及弹链

服役记录

　　虽然 M134 已诞生 50 多年，但依然在多个国家的军队中服役，其中包括美国、英国、法国、德国、澳大利亚和加拿大等。

10 秒速识

　　M134 组件包括一台驱动电机，六个枪机部件，六个可移动的枪机轨道，枪管套管部件，后部枪支架，六根枪管，枪管夹持部件，保险部分，套管盖和两个快速释放销。

M134 重机枪侧方特写

美国 M2 重机枪

M2 勃朗宁机枪 (M2 Machine Gun) 是由约翰·摩西·勃朗宁设计的大口径重机枪，发射 12.7×99 毫米大口径弹药。

研发历史

M2 其实是勃朗宁 M1917 的口径放大重制版本。1921 年，新枪完成基本设计，1923 年美军把当时的 M2 命名为"M1921"，并用于 2 0 世纪 20 年代的防空及反装甲用途。1926 年勃朗宁去世，在之后的 1927 年至 1932 年，由美国的塞缪尔·格林博士

基本参数	
口径	12.7 毫米
空枪重量	38 千克
全长	1650 毫米
枪管长	1140 毫米
枪口初速	930 米／秒
有效射程	1830 米
供弹方式	M9 弹链

针对 M1921 的设计问题以及军方需求做出调整。1930 年，柯尔特还针对 M1921 推出了部分改进的版本，如 M1921A1 与 M1921E2。1932 年，改进版本正式被美军命名为"M2"。

枪体构造

M2 采用枪管短后坐式工作原理，卡铁起落式闭锁结构。射击时，随着弹头沿枪管向前运动，在膛内火药气体压力的作用下，枪管和枪机同时后坐。弹头飞出枪口后，闭锁卡铁离开楔闩上的闭锁支承面，其两侧的销轴被定型板上的开锁斜面压下，于是整个闭锁卡铁脱离枪机下的闭锁槽，枪机开锁。随后，枪管节套猛撞内设的钩形加速子，加速子上端撞击枪机尾部，加速枪机后坐。

　　该枪设有液压缓冲机构，枪管和节套后坐时，液压缓冲器的活塞被推向后，压缩缓冲器管内的油液，使其从活塞四周的油管内壁之间的缝隙向前逸出，对后坐产生缓冲作用。枪机复进时，枪机尾部的凸起撞击加速子上端使其向前回转，加速子释放液压缓冲器簧，推动枪管和节套复进。闭锁卡铁在楔闩上的闭锁斜面的作用下强制上抬，进入枪机下的闭锁槽中，枪机闭锁。

M2 重机枪前侧方特写

性能解析

　　M2 重机枪使用 12.7 毫米口径 NATO 弹药，并且有高火力、弹道平稳、极远射程的优点，每分钟 450 至 550 发（二战时空用版本为每分钟 600 至 1200 发）的射速及后座作用系统令其在全自动发射时十分稳定，射击精准度高。

M2 重机枪左侧方特写

衍生型号

型　号	特　点
M2HB，Flexible	步兵用的版本
M2HB，Fixed	安装在 M6 重型坦克上
M2HB，Turret	安装在炮塔上的版本
AN/M2	飞机上的遥控式固定武器或空用机枪
M2 E-50	实行中的长期升级计划

P-38 战斗机的机头装有 4 挺 AN/M2 重机枪

服役记录

　　美国 M2HB 式机枪是世界上最著名的大口径机枪之一，目前有 50 多个国家装备，而且大多数西方国家都在使用。美国军队除装备带三脚架的 M2HB 式机枪外，还将它配装在轻型吉普车和步兵战车上，作地面支援武器使用，也作坦克上的并列机枪使用。

10 秒速识

　　M2 重机枪采用简单的片状准星和立框式表尺，准星和表尺都安置在机匣上。V 字扳机装在机匣尾部并附有两个握把。

M2 重机枪右侧方特写

美国 M61 重机枪

M61 重机枪是一种由美军开发的六管连发机关炮，经常被装载在战斗机、直升机上作为高射速近距离的火炮系统。

研发历史

二战时期，美军轰炸机和战斗机装备的机枪都是"老掉牙"的勃朗宁系列机枪，此系列机枪中最大射速也只有 1200发 / 分，就连 1861 年出生的加特林机枪都比它们强。为了能够提高轰炸机和战斗

基本参数	
口径	20 毫米
空枪重量	112 千克
全长	1827 毫米
射速	6000 发 / 分
枪口初速	1050 米 / 秒
供弹方式	弹链或无链填弹系统

机的火力，1946 年，美军决定重新启用被尘封已久的加特林理论，以此来开发一款射速可达 6000 发 / 分的高速机枪。

同年 6 月，美国实力雄厚的军品商——通用电气公司，承包了这个研发项目，并取名为"火神计划"。1950—1952 年，通用电气公司拿出了多款原型机炮给美国军方评估，在经过非常久的测试后，美国军方选择 T171型，并以此继续发展下去。在对 T171 型机炮经过一段时间的改进后，一款新型的机枪出现了，它就是 M61 重机枪。

枪体构造

M61 的六根枪管在每转一圈的过程中只需轮流击发一次，因此无论是

产生的温度还是造成的磨蚀，都能限制在最小的程度内。M61 驱动系统以液压马达为核心，辅以射击控制设备、流量 / 阀门控制设备及相关管路。准备射击时，射击控制设备与机上电源接通，进入待击状态。当飞行员按下射击按钮时，电磁阀门开启，从机上液压系统引入的高压油涌入液压马达，马达转动驱使机枪旋转。

M61 重机枪前方特写

性能解析

　　M61 重机枪可以做到每秒钟高达 100 发的高速射击，这让战机驾驶员能在最短时间内，以最大火力击杀对手。M61 主要被用于短程 (约 600 米) 的空对空射击用途，弥补在这个范围内因为距离太短、应变时间不足而无法使用空对

对外展出的 M61 重机枪

空导弹等较复杂装备的缺憾。虽然，对地面目标的扫射也被列为 M61 的次要用途，但实际上其作用效果有限，并不是很常用的一种功能。

服役记录

M61 重机枪在军队里服役已经超过半个世纪，是套稳定性毋庸置疑的系统。在航空运用上，第一架搭载 M61 的飞机是 F-104 战斗机，之后包括 F-105、F-106 后期型、F-111、F-4 与 B-58 等数款战斗机与轰炸机全都搭载过 M61。

现行正在使用 M61 的机种包括了美国空军的 F-15、F-16，与最新锐的 F-22 隐形战斗机等，在美国海军航空部队中 F/A-18 战斗攻击机是搭载 M61 的主要航空母舰舰载机种，但在过去 F-14 尚未退役前也曾是 M61 的主要使用单位。

M61 重机枪弹链特写

10 秒速识

M61 重机枪的外形与 M134 有相似之处，都具有六根枪管，但是 M61 的重量比 M134 大，通常作为航空机枪使用。

M61 重机枪局部特写

英国马克沁重机枪

　　马克沁机枪（Maxim gun）是 1884 年由英国爵士马克沁发明的第一种
全自动式的机枪，发射 7.7 x 56 毫米 R 子弹。

研发历史

　　1882 年，马克沁在英国考察时发现
了枪发射子弹所产生的后坐力有着巨大的
力量这种现象。马克沁却从中找到了武器
自动连续射击的动力。马克沁首先在一支
老式的温切斯特步枪上进行试验，利用射

基本参数	
口径	7.7 毫米
空枪重量	27.2 千克
全长	1079 毫米
枪管长	673 毫米
枪口初速	744 米／秒
有效射程	2000 米
弹容量	250 发

击时子弹喷发的火药气体使枪完成开锁、退壳、送弹、重新闭锁等一系列动作，实现了单管枪的自动连续射击，并减轻了枪的后坐力。1884 年，马克沁根据这个原理设计出了世界上第一支能够自动连续射击的机枪。

　　马克沁机枪公布后一时间各国并未接受这种新武器，但是一些探险家开始购入这种新武器作为防卫之用，比较有名的案例是由亨利·莫顿·史丹利爵士于 1886—1889 年率领的艾敏帕夏援救探险队；第一个采用马克沁的军方单位为 1889 年新加坡志愿军的采购，随后这款武器才逐渐在英军内开始配发。

枪体构造

　　马克沁重机枪的自动动作是利用火药气体能量完成的。在子弹发射的瞬间，枪机与枪管叩合，共同后坐 19 毫米后枪管停止，通过肘节机构进行开锁，同时枪机继续后坐，通过加速机构使枪管的部分能量传递给枪机，使其完成抽壳抛壳，从而带动供弹机构，使击发机待击，压缩复进簧，撞击缓冲器，然后在簧力作用下复进，将第二发子弹推入枪膛，闭锁，再次击发。如此反复，每秒 10 余次，每分钟可发射 600 余发子弹。

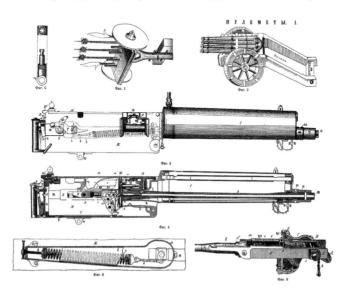

马克沁重机枪示意图

性能解析

　　由于枪管连续的高速发射子弹，会导致发热，为了解决这一问题，马克沁重机枪采用水冷方式帮助枪管冷却。为了保证有足够子弹满足这种快速发射的需要，马克沁发明了帆布子弹带，带长 6.4 米，容量 333 发。

服役记录

　　马克沁机枪真正开始成名的时间为 1893—1894 年，马克沁机枪在罗得西亚的第一次马塔贝勒战争中英军以 50 人的军队操作四挺马克沁机枪击退了 5000 祖鲁人的进攻，马克沁的强大威力让马克沁爵士成名，英国诗人兼爱国主义者海莱尔·贝洛克曾说："不管发生了什么，我们已经有了马克沁机枪，而他们没有 (Whatever happens, we have got The Maxim Gun, and they have not.)。"

俄国制造的马克沁 M1910 重机枪

10 秒速识

　　马克沁重机枪是水冷式机枪，只要冷却水筒中有水，枪管的温度就不会超过 100℃。在射击时，枪管两端会漏一些水。帆布子弹带是马克沁重机枪最显著的特点之一。

马克沁重机枪上方视角

马克沁重机枪及子弹带

英国维克斯重机枪

　　维克斯机枪 (Vickers) 是一战与二战期间英国军队所使用的重机枪之一。

研发历史

　　维克斯机枪的前身是 1882 年面世的马克沁机枪，经过略为改动后在英国克雷福德的一家兵工厂进行生产，这家厂就是后来大名鼎鼎的维克斯 – 马克沁联合公司的前身。艾伯特·维克斯负责对原来的马

基本参数	
口径	7.7 毫米
空枪重量	18.2 千克
全长	1156 毫米
枪管长	724 毫米
枪口初速	744 米 / 秒
有效射程	1500 米
弹容量	250 发

克沁机枪的修改方案，主要是反转了闭锁机构，使得重量减轻并便于大量生产，最终在 1912 年定型生产，也有人将其称为维克斯 – 马克沁机枪。

　　许多人觉得二战时英军武器装备要比他国落后，但维克斯机枪的出现驳斥了这一说法。除了体型庞大这一缺陷外，维克斯重机枪的可靠性是所有士兵梦寐以求的。在一次战斗中，平均每小时 10000 发子弹，却不会出现一次卡壳，这恐怕是现在许多机枪可望而不可即的。基于维克斯机枪优异的设计，使它成为世界上著名的战争武器之一。

使用维克斯重机枪及配件

枪体构造

　　为了避免在持续的射击过程中过热，维克斯机枪配备了可快速更换的枪管，包覆于连接了容量 4 升的冷凝罐的水桶中。一般来说，维克斯机枪连续发射约 3000 发子弹后，水桶中的水就会达到沸点；此后，每发射约 1000 发子弹，就会蒸发约 1 升的水。但是如果用一根橡胶管把水桶与冷凝罐连接起来，就可以令水重复循环使用。

维克斯重机枪局部特写

性能解析

　　维克斯机枪是马克沁机枪的衍生产品，而且是衍生产品中最优秀的一种。基于马克沁机枪成功的设计，维克斯机枪做了一系列的改进。与前者相比，它具有重量较轻、体形较小、供弹良好等特点。这种水冷式的维克斯机枪能够长时间保持每分钟六百发的射速，在多数情况下都有很高的可靠性。并大量安装于车辆、飞机、船只与防御工事。

保存在博物馆的维克斯重机枪

服役记录

　　维克斯机枪可说是第一代机枪中的杰出作品。在 1918 年 8 月攻占海伍德（High Wood）的战争中，英军首次将共十挺的维克斯机枪投入实战，并创造了在 12 小时内，平均每挺机枪发射约十万多发子弹的纪录。

　　维克斯重机枪于二战末期停产，但直到 1960 年，在某些战场上，仍可见到它的踪影。而印度、尼泊尔及巴基斯坦则保留了一定数量的维克斯机枪以作不时之需。

维克斯重机枪上方视角

10 秒速识

维克斯机枪的瞄准具十分特别。它使用金属瞄准具，构造是一种管形装置，它的扳机是拇指推压装置，位于机匣后侧的两只握把末端。

维克斯重机枪侧方特写

俄罗斯 DShK/DShKM 重机枪

　　DShK 是捷格加廖夫于 20 世纪 30 年代设计的重机枪，DShKM 是其改进型号。

研发历史

　　1930 年，捷格加廖夫应苏联军方要求设计了一款口径为 12.7 毫米的重机枪——DK 重机枪。1931 年该枪被苏军正式采用，并在 1933—1935 年少量生产。该枪的整个系统基本上是 DP 轻机枪的放

基本参数	
口径	12.7 毫米
空枪重量	34 千克
全长	1625 毫米
枪管长	1070 毫米
枪口初速	850 米／秒
有效射程	1500 米
弹容量	30 发

大型，只是枪弹威力更大。由于它采用的鼓形弹匣供弹具只能装弹 30 发，而且又大又重，因此战斗射速很低。1938 年，DK 机枪有了些改进，主要是换装了斯帕金设计的转鼓形弹链供弹机构，有效增加了机枪的实际射速。

　　次年 2 月，改进后的 DK 重机枪正式被采用，并重新命名为 DShK 重机枪。

　　二战后期，捷格加廖夫对 DShK 重机枪进行了改进，主要是用旋转的弹链式供弹机构代替原来的套筒式动作机构。改进后的新机枪在 1946 年正式被采用，并重新命名为 DShKM 重机枪。

枪体构造

　　DShK/DShKM 重机枪是一种弹链式供弹、导气式操作原理、只能全自动射击的武器系统。采用开膛待击，闭锁机构为枪机偏转式，依靠枪机框

上的闭锁斜面，使枪机的机尾下降，完成闭锁动作。自动机系统与DP-27轻机枪上的类似，但按比例增大枪机和机匣后板上的机框缓冲器组件。

DShK/DShKM重机枪使用不可散弹链，最初的供弹机构由斯帕金设计，受弹机外形像一个圆鼓，有一个带轴和制逆轮的拨弹轮。拨弹轮与摇臂连接，而摇臂通过联杆与枪机框相连。弹链从左侧装入，当拨弹轮在枪机框的带动下转动时，枪弹在转轮内同时产生旋转和直线运动，在每射击1发弹的过程中，同时有10发枪弹在转轮内参与运动，而每发弹的运动行程为全程的1/10，逐渐从弹链中拉出来，最后被枪机推进弹膛。

装在三脚架上的DShK重机枪

性能解析

从DShK/DShKM机枪上发射的穿甲弹可在500m距离击穿15mm厚的钢板，不仅能抗击低飞的敌机，也能有效地对付轻型装甲目标或步兵掩体，所以是一种极好的支援步兵地面战斗的武器。DShK/DShKM机枪在它们出现的年代是一种非常成功的武器，但是这种枪太重、太复杂，而且生产成本偏高，在恶劣环境下的可靠性欠佳，因此最后还是被其他更好的重机枪所代替。

DShK 重机枪前侧方特写

服役记录

DShK/DShKM 在二战时被大量采用，通常装在转轴三脚架作固定防空用途，或装在 GAZ-AA 防空装甲车上，二战后期，DShK/DShKM 亦被在 IS-2 坦克及 ISU-152 自走炮上。DShK 也被步兵用作支援用途，装在轮式射架上，亦有被用作同轴机枪，如 T-40 轻型两栖坦克。

DShK/DShKM 同时也被不少国家特许生产，如巴基斯坦及罗马尼亚等，越战中亦有出现。自 1970 年起，苏联／俄罗斯军队开始以较现代化的 NSV 重机枪和 Kord 重机枪取代 DShK/DShKM，但直至近年仍有部分俄罗斯军队装备 DShK/DShKM。

近年出现在俄罗斯军队的 DShK 重机枪

10 秒速识

DShK/DShKM 使用不能快速拆卸的重型枪管，枪管前方有大型制退器和柱形准星，枪管中部有散热环增强冷却能力，枪管后部下方有用于结合活塞套筒的结合槽，上方有框架形立式照门，导气箍上有气体调整器。

DShKM 与 DShK 基本相同，主要的变化是供弹机构。DShK 机枪的供弹机构由拨弹滑板、拨弹杠杆和拨弹臂等组成，受弹机盖呈低矮的方形，这是区别 DShKM 与 DShK 的一个明显外观标志。

装在轮式射架上的 DShK

俄罗斯 NSV 重机枪

NSV 由苏联在 1971 年推出，用于取代苏联红军的 DShK 重机枪。

研发历史

20 世纪 30 年代，苏联军队装备的重机枪大部分是 DShK 重机枪。随着战争形式的日新月异，DShK 重机枪的弊病开始浮现出来，其中之一就是无法适应步兵在转移中射击。为了能够适应战场，苏军对重机枪的要求是轻便、容易操作和可靠

基本参数	
口径	12.7 毫米
空枪重量	25 千克
全长	1560 毫米
射速	700～800 发／分
枪口初速	845 米／秒
有效射程	2000 米
弹容量	50 发

性高。1961 年，NSV 重机枪诞生，随后，便与 DShK 重机枪进行对比试验，结果 NSV 重机枪各个方面都胜 DShK 重机枪一筹。

黑色涂装的 NSV 重机枪

枪体构造

NSV 重机枪无传统的抛壳挺，弹壳被枪机的抽壳钩钩住，从枪膛拉出，枪机后坐时利用机匣上的杠杆使弹壳从枪机前面向右滑，偏离下一发弹的

轴线。枪机复进时，推下一发弹入膛，复进到位后，枪机左偏而闭锁，弹壳脱离枪机槽，被送入机匣右侧前方的抛壳管，从该管排到枪外。

NSV 重机枪后方特写

性能解析

NSV 重机枪在设计上简化了结构，减轻了全枪质量，生产性能也较好。在恶劣条件下使用时，该枪比 DShK 重机枪的性能更可靠，从而可作车载机枪或在阵地上使用。

NSV 重机枪及弹链

衍生型号

型　号	特　点
NSVT	装在车辆射架上的 NSV 改装版本
WKM-B	波兰的 NSV 重机枪改用 12.7×99 毫米 NATO 弹药的版本

服役记录

　　NSV 在 1971 年推出，用于取代苏联红军的 DShK 重机枪，1972 年正式装备。NSV 获很多国家特许生产，如芬兰、南斯拉夫、印度、保加利亚等。苏联解体后俄罗斯以 Kord 重机枪取代 NSV，而原本特许生产 NSV 的哈萨克斯坦亦停止生产。

装在悍马上的 NSV 重机枪

10 秒速识

　　NSV 重机枪全枪大量采用冲压加工与铆接装配工艺，NSV 的枪机是大口径机枪中最短的，可缩短。阻铁机构设在机匣上面，而其他大口径机枪均设在机匣下面，这也是独特的。机匣后部装有沿中心位置上下活动的扳机连杆。枪管前端装有大型喇叭状膛口防跳器。

NSV 重机枪局部特写

俄罗斯 Kord 重机枪

Kord 是由狄格特亚耶夫工厂以 NSV "岩石" 重机枪为蓝本研制的 12.7 毫米大口径重机枪。

研发历史

20 世纪 80 年代，苏联军队装备的重机枪为 NSV 重机枪。苏联解体后，为了能更好地武装自己的军队，俄罗斯决意打造一款属于自己的重机枪。随后，俄罗斯政府给狄格特亚耶夫工厂下达了命令，

基本参数	
口径	12.7 毫米
空枪重量	27 千克
全长	1625 毫米
枪管长	1070 毫米
枪口初速	820~860 米 / 秒
有效射程	2000 米
弹容量	50/150 发

要求他们研制出能够发射 12.7 毫米口径步枪子弹，并且可以用安装在车辆上或具有防空能力的重机枪。狄格特亚耶夫工厂最终推出了 Kord 重机枪。

展览会上的 Kord 重机枪

枪体构造

Kord 采用卡拉什尼科夫样式转栓式枪机闭锁机构，供弹机构和弹链类型与 NSV 机枪一样，一般是右侧供弹，但也可以改成从左边供弹，例如同轴机枪型的 6P51 就是左侧供弹。Kord 的抛壳方式和 NSV 机枪一样都是前抛式，弹壳从机匣右侧的短管中向前抛出。

Kord 重机枪后方特写

性能解析

与绝大多数其他重机枪不同的是，Kord 重机枪新增了构造简单、可以让步兵队更容易使用的 6T19 轻量两脚架，这样使 Kord 重机枪可以利用两脚架协助射击。这一点对于 12.7 毫米口径重机枪而言是一个独特的功能。

其相对较轻的重量和更低的后坐力让较强壮的士兵不需要协助下搬动机枪，甚至能够握紧 Kord 并以抵腰射姿射击。虽然比起三脚架状态会降低对远距离目标的射击命中效果，不过在距离较近的城市环境或森林中时，两脚架的 Kord 机动灵活，又能发扬大口径机枪的火力及毁伤效果优势。

Kord 重机枪左侧方特写

衍生型号

型　号	特　点
6P49	装在载具上的基本衍生型
6P50	纯步兵用衍生型
6P50-1	装上 6T19 两脚架的步兵用衍生型
6P50-2	安装在 6U16 多用途枪架上的步兵用衍生型
6P50-3	安装在 6U16 多用途枪架和标准型 SP 支架的步兵用衍生型
6P51	同轴机枪衍生型

6P50 Kord 重机枪

服役记录

除了步兵版本，Kord 重机枪被设置为安装在俄罗斯 T-90 主战坦克以及 T-14 型主战坦克的防空炮塔上作为防空机枪使用。

参与展出的 Kord 重机枪

10 秒速识

Kord 重机枪的性能、构造和外观上都类似于苏联军队制式的 NSV 重机枪，枪管使用全新的高科技合金，除了使用的开放式可调节机械瞄具以外，机匣的尾部左侧亦整合了属于俄罗斯标准的瞄准镜导轨。

Kord 重机枪侧后方特写

新加坡 CIS 50MG 重机枪

CIS 50MG 是 20 世纪 80 年代后期由新加坡特许工业公司自主研发和生产的重机枪。

研发历史

M2HB 重机枪已经跟随新加坡国防部多年，为了取代它，新加坡国防部打算设计一款全新的重机枪，但要求能够发射与 M2HB 重机枪相同的 12.7 毫米口径步枪子弹。新加坡的设计师们吸取了美国研

基本参数	
口径	12.7 毫米
空枪重量	9 千克
全长	1778 毫米
枪管长	1143 毫米
枪口初速	890 米／秒
有效射程	1500 米
供弹方式	M15A2 可散式弹链

发 "多佛恶魔通用重机枪" 失败的教训，建立适合现代战术理论和生产技术的新型模块化武器。经过两年的开发和测试阶段以后，新加坡特许工业公司在 1988 年推出了新型 12.7 毫米口径重机枪，命名为 CIS 50MG 重机枪。

枪体构造

CIS 50MG 是一挺气动式操作、气冷及弹链供弹式武器，这机枪采用双气动活塞操作，并将两根导气管安装在枪管的两侧。枪管通过具有多个径向锁耳的转栓式枪机闭锁，在进入枪管后端的闭锁槽内直接闭锁，消除了顶空调整的需要。CIS 50MG 的一个独特的功能就是它的双向弹链供弹系统，该系统让这机枪快速和容易地转换发射弹药。

CIS 50MG 重机枪后方特写

CIS 50MG 重机枪前方特写

性能解析

CIS 50MG 枪机的优点是射速和后坐力比其他重机枪低，但是精度较高。缺点是安装在载具（例如直升机或船只）上使用时的效果较低。

服役记录

印度尼西亚于 1994 年取得特许生产证后为本国军队生产 CIS 50MG 重机枪，并且命名为 Pindad SMB-QCB（Senapan Mesin Berat-Quick Change Barrel）。

CIS 50MG 重机枪局部特写

10 秒速识

CIS 50MG 装有一根可以快速拆卸的枪管，配备一个与枪管整合了的提把，枪管下方有两个气体活塞和气缸。双弹链供弹，机匣两侧各一条。

CIS 50MG 重机枪及弹链

第6章
轻机枪

　　轻机枪是可以由一个士兵所操作使用，重量较轻的一种机枪。早期的轻机枪多数为两人一组，有副射手兼弹药兵一名。由于轻机枪一般装备到步兵分队或步兵班，部分国家军队称为班用机枪，其特点是能全自动射击，可提供步枪无法做到的持续压制火力。

美国 M249 轻机枪

M249 是美国以比利时 FN 公司的 FN Minimi 轻机枪为基础改进而成的轻机枪。

研发历史

20 世纪 60 年，随着班用武器的小口径化，美军的班用机枪也在向这个方向发展。虽然美军装备有 M16 轻机枪和 M60 通用机枪，但前者的持续射击性不好，后者的重量又过大。

基本参数	
口径	5.56 毫米
空枪重量	7.5 千克
全长	1041 毫米
枪管长	521 毫米
枪口初速	915 米／秒
有效射程	1000 米
供弹方式	M27 弹链

于是美军公开招标新型小口径机枪，当时有不少的老牌枪械公司来投标，其中有比利时 FN 公司。在老牌公司的角逐后，FN 公司胜出。于是美军决定采用 FN 公司的机

M249 轻机枪及弹链

枪，并命名为 XM249 轻机枪。随后，美军又对 XM249 轻机枪做了一些测试，结果都符合他们的要求，于是就将 XM249 正式作为制式武器，并更名为 M249 轻机枪。

枪体构造

M249 采用开放式枪机及气动式原理运作，当扣动扳机时，枪机和枪机连动座在受到复进簧的推力下向前移动，子弹脱离弹链并进入膛室，击针击发子弹后膨胀气体经枪管进入导气管回到枪机内，并使弹壳、弹链扣排出，同时拉入弹链及带动枪机和枪机连动座回到待击状态，多余的气体会在导气管末端排气口排出。

性能解析

M249 准确度比一般步枪高，能提供稳定的持续作战射速，排气口上的气体调器可改变排气流量，从而调节至每分钟 750 发或 1000 发的理论射速，以确保在寒冷天气或枪械极度污脏等不同环境下的顺畅运作。M249 可在立姿或行进中进行射击，亦可用于架设火力阵地，作为美军的班用支援武器，它能提供密集强大的压制火力。

搭在两脚架上的 M249 轻机枪

衍生型号

型　号	特　点
M249 PIP	改良了各部分零件的锋利边缘
M249 Para	为空降部队提供的紧凑版本
M249 SPW	战术改良、轻量化版本

M249 Para 轻机枪

服役记录

　　美军在 1991 年海湾战争前并没有广泛装备 M249 SAW，但随后每次美军冲突中开始大规模装备，如 1993 年索马里联合军事行动、1994 年波斯尼亚战争、1999 年科索沃战争、2001 年阿富汗战争及 2003 年伊拉克战争，另外军方亦把过剩存仓的 M249 SAW 做军备援助给玻利维亚、哥伦比亚及突尼斯。

M249 轻机枪及配件

10 秒速识

M249 本身装有折合式两脚架，亦对应固定的 M2 三脚架，为了保持零件通用，M249 采用 M16A2/A4 的鸟笼型消焰器。改进后的 M249 可以通过导轨加装其他装备如激光指示器及瞄准镜等的战术配件。

M249 轻机枪上方视角

美国阿瑞斯"伯劳鸟"轻机枪

"伯劳鸟"是由美国阿瑞斯防务系统公司研制生产的轻机枪。

研发历史

阿瑞斯防务系统公司的设计目的是让"伯劳鸟"轻机枪成为最轻的弹链供弹机枪。后来阿瑞斯防务系统公司在"伯劳鸟"轻机枪的基础上又研发并推出了EXP-1、EXP-2 和阿瑞斯 AAR 等不同的衍生型号。

基本参数	
口径	5.56 毫米
空枪重量	3.4 千克
全长	711.2 ～ 1016 毫米
枪管长	330.2 ～ 508 毫米
射速	625 ～ 1000 发 / 分
弹容量	20/30/100/200 发

这些衍生型配备了五条 MIL-STD-1913 战术导轨，这使它们能够安装各种商业型光学瞄准镜、反射式瞄准镜、红点镜、全息瞄准镜、夜视镜、热成像仪和战术灯等。

"伯劳鸟"轻机枪上方视角

枪体构造

"伯劳鸟"具有气动式活塞传动操作、连固定式顶部空间的可快速更换式枪管和 MIL-STD-1913 战术导轨的战术配件安装接口。可以使用标准的 30 发 M16 可拆卸式弹匣、100 发可拆卸式 C-Mag 弹鼓、100 发或 200 发 M27 SAW 用可散式弹链装于软袋内或 200 发 M27 SAW 用可散式弹链装于硬质塑料弹箱内射击。

性能解析

"伯劳鸟"轻机枪既能够达到轻机枪的实际射速，又能像突击步枪那样轻盈和紧凑。"伯劳鸟"的整套武器的空枪重量为 3.4 千克，这样比其他的班用自动武器型号，例如 M249 轻机枪和 HK 公司的 MG4 轻机枪使用时更为轻便。

"伯劳鸟"轻机枪分解图

"伯劳鸟"轻机枪及弹链

衍生型号

型　　号	特　点
EXP-1	最初的概念验证原型枪
EXP-2	具有一个新型 MIL-STD-1913 战术导轨护木
03A	正式生产型号
ARES-16 AMG	突击机枪
ARES-16 SPW	有阿瑞斯专门为"伯劳鸟"系统设计的机匣
ARES-16 MCR	机匣上方设有桥式 MIL-STD-1913 战术导轨
阿瑞斯 AAR	班用支援轻型步兵自动步枪
阿瑞斯 AAR/C	超紧凑型班用支援轻型步兵自动步枪

ARES-16 MCR 轻机枪

10 秒速识

"伯劳鸟"轻机枪采用固定式顶部空间的可快速更换式枪管,弹匣采用硬质塑料材质。

"伯劳鸟"轻机枪右侧方特写

美国 / 比利时 Mk 48 轻机枪

　　Mk 48 是一挺轻型可散式弹链供弹的通用机枪，使用 M13 弹链发射火力强大的 7.62×51 毫米北约口径步枪子弹。

研发历史

　　进入 20 世纪 90 年代后，美国陆军以 M240B 通用机枪全面取代了 M60 通用机枪，但是美海军特种部队对该机枪的战术性能并不看好，所以于 2001 年提出了新的轻机枪计划。

基本参数	
口径	7.62 毫米
空枪重量	8.2 千克
全长	1009.65 毫米
枪管长	501.65 毫米
枪口初速	975.32 米／秒
有效射程	800 米

　　同年 3 月，美国特种作战司令部批准该计划，并于 9 月下旬向 FN 公司提出新机枪的研制要求。随后，FN 公司以 Mk 46 轻机枪为原型，将其口径增大到 7.62 毫米，形成了 Mk 48 轻机枪。

Mk 48 轻机枪示意图

Mk 48 是一挺气动式操作、气冷、全自动射击和 M13 弹链供弹的通用机枪，装有五条 MIL-STD-1913 战术导轨。这种武器配备有的高度符合人体工学的固定聚合物枪托组件，内部容纳液压后座缓冲装置和防滑底板。可以向原厂选择改为使用"伞兵型"旋转伸缩式管型金属枪托组件（同样内部容纳液压后座缓冲装置和防滑底板）以便于空降及近战任务。

Mk 48 轻机枪及弹链

性能解析

　　Mk 48 与 M240，M249 和 Mk 46 之间有着很高的共用零件比例（70％），在需要更换损坏的零件时可以轻易更换。Mk 48 可以利用底部的战术导轨配备前握把以增加持续射击的可控性。由于 Mk 48 加大的膛室和加重枪管，因而比 5.56×45 毫米北约口径版本的 M249 SAW 系列沉重，尽管如此，Mk 48 仍然比 M240 轻便。

　　Mk 48 的缺点是机匣的寿命只有 M240 的一半左右，有效射程和精度也比 M240 稍低。

服役记录

　　Mk 48 目前正在多个美国特种部队司令部辖下的部队服役，比如美国海军海豹突击队 (SEAL) 和美国陆军游骑兵部队 (United States Army Rangers)。

Mk 48 轻机枪上方视角

10 秒速识

　　Mk 48 轻机枪的两脚架连接在导气活塞筒上，为内置整体式，并有连接三脚架的配接器。该枪的枪托为固定聚合物枪托，也有一些型号的 Mk 48 轻机枪使用了伞兵型旋转伸缩式管形金属枪托。

Mk 48 轻机枪右侧方特写

英国刘易斯轻机枪

刘易斯轻机枪最初由塞缪尔·麦肯林设计，后来由美国陆军上校 I. N. 刘

易斯完成研发工作。

研发历史

20 世纪初期，刘易斯研发了一种轻机枪，并向美国军方推销，但被拒绝采用。沮丧的刘易斯只好带着自己的新设计来到比利时，在一家兵工厂工作。

基本参数	
口径	7.7 毫米
空枪重量	11.8 千克
全长	1283 毫米
枪管长	666 毫米
枪口初速	745 米／秒
有效射程	800 米
弹容量	47／97 发

一年后，一战爆发，比利时兵工厂的员工们都纷纷逃亡英国，同时还带走了大量的武器设计方案和设备。逃亡到英国的比利时武器设计师，开始关注刘易斯设计的轻机枪，并且在英国的伯明翰轻武器公司的工厂里生产刘易斯轻机枪。1915 年，由于该枪优秀可靠的性能，被英军采用，并作为制式轻机枪。

枪体构造

刘易斯轻机枪散热设计非常独特，枪管外包有又粗又大的圆柱形散热套管，里面装有铝制的散热薄片。射击时，火药燃气向前高速喷出，在枪口处形成低压区，使空气从后方进入套管，并沿套管内散热薄片形成的沟槽前进，带走热量。这种独创的抽风式冷却系统，比当时机枪普遍采用的水冷装置更为轻便实用。

性能解析

刘易斯机枪曾被搬上飞机成为航空机枪，作为侦察机和轰炸机的机枪手操作的武器。和步兵用轻机枪的差异是弹鼓由 47 发增至 97 发，枪托被取消改成提把，散热筒也被取消。

刘易斯航空轻机枪

服役记录

英军在二战初期仍使用刘易斯机枪，后来才被布伦轻机枪取代，日本也采用和仿制了刘易斯机枪，日本仿制品被称为九二式防卫机枪，用于海军侦察机和轰炸机作为防卫机枪。

保存在博物馆中的刘易斯轻机枪

10 秒速识

刘易斯轻机枪有两个特征，一个是包着枪管的粗大的散热筒，另一个是在枪身上方的弹鼓，刘易斯轻机枪原本采用 47 发弹鼓，弹鼓采用中心固定式，开火时弹鼓轴承转动把子弹推入枪内。

刘易斯轻机枪多角度特写

英国布伦轻机枪

　　布伦轻机枪是英国在二战中装备的主要轻机枪之一，也是二战中最好的轻机枪之一。

研发历史

　　1933 年，英国军方选中了捷克斯洛伐克的 ZB–26 轻机枪，并在该枪的基础上研发出了布伦轻机枪。1938 年，英国正式投产布伦轻机枪，英军方简称"布伦"或"布伦枪"，其名字来源于生产商布尔

基本参数	
口径	7.62 毫米
空枪重量	10.35 千克
全长	1156 毫米
枪管长	635 毫米
枪口初速	743.7 米／秒
有效射程	550 米
弹容量	30/100 发

诺 (Brno) 公司和恩菲尔德兵工厂 (Enfield)，用 Brno 的 Br 和 Enfield 的 En 字母组合而成。

未填装弹匣的布伦轻机枪

枪体构造

　　布伦轻机枪采用导气式工作原理，枪管下方备有瓦斯汽缸及瓦斯活塞，枪机采偏转式闭锁方式，即利用枪机后端的上下摆动来完成闭锁。弹匣位于机匣的上方供弹，从机匣正下方抛壳。布伦轻机枪在导气管前端有气体调节器，设 4 挡调节，每一挡对应不同直径的导气孔，可调整枪弹发射时进入导气装置的火药气体量。射击时拉机柄并不随枪机一起前后移动，拉机柄可折叠，在行军状态时将其折回，避免行进中被扯挂。

布伦轻机枪分解图

性能解析

　　布伦轻机枪良好的适应能力使得它的使用范围十分广泛，在进攻和防御中都被使用，通过实战表现被证明是战争中最好的轻机枪之一。它和美国的勃朗宁自动步枪一样，能够提供攻击和火力支援。

搭在三脚架上的布伦轻机枪

衍生型号

型　号	特　点
Mk Ⅰ	原型布伦轻机枪
Mk Ⅱ	小量改进的版本，只有小量试验型
Mk Ⅲ	轻量化短版本，提供英军的东线部队及伞兵部队
Mk Ⅳ	Mk Ⅱ改进版本
L4	北约各国统一步枪制式口径

Mk Ⅲ 轻机枪

服役记录

布伦轻机枪在二战中大量装备英联邦国家军队，1941 年生产 MK II，1944 年则生产 MK III 及 MK IV，主要提供军方作为班支援武器来使用。

布伦轻机枪上方视角

10 秒速识

布伦轻机枪供弹口、抛壳口、拉机柄等机匣开口处均装有防尘盖，提把与枪管固定栓可快速更换枪管，装有两脚架。

布伦轻机枪正反面特写

俄罗斯 RPK 轻机枪

RPK 是苏联以 AKM 突击步枪为基础发展而成的轻机枪。

研发历史

卡拉什尼科夫在 AKM 突击步枪的基础上发展出班用轻机枪，并保持着 AK–47 的良好效能及可靠性，这便是后来享誉世界的 RPK 轻机枪的雏形，1959 年，苏联红军正式采用该枪，定名为 RPK(Ruchnoi Pulemet Kalashnikova, RPK)，属于苏联的第二代班支援武器。

基本参数	
口径	7.62 毫米
空枪重量	4.8 千克
全长	1040 毫米
枪管长	590 毫米
枪口初速	745 米／秒
最大射程	1000 米
弹容量	60/100 发

RPK 轻机枪及弹匣

枪体构造

RPK 是以 AKM 为基础发展出来的轻机枪，该枪采用 AK–47/AKM 突击步枪的导气式工作原理，发射 7.62×39 毫米口径 M1943 中间型威力枪弹。

带有弹鼓的 RPK 轻机枪

性能解析

RPK 轻机枪延长的重枪管能够增大枪口初速；有效射程比 AK–47 高，增大弹匣容量以延长持续火力；配备有两脚架以提高射击精度；瞄准具增加了风偏调整。RPK 轻机枪使用固定枪管，无法长时间连续射击。

衍生型号

型 号	特 点
RPKS	伞兵部队版本
RPKS–N	配有夜视瞄准具的 RPKS
RPKM	采用玻璃纤维塑料护木及折叠枪托的现代化版本
RPK–74	1974 年 5.45×39 毫米版本

RPK-74 轻机枪

服役记录

RPK 是苏联在 1959 年装备苏军以替换 RPD 的轻机枪，在步兵班中配备 RPK 作为班用机枪。RPK 现今在罗马尼亚、芬兰、越南及塞尔维亚等部分国家都获授权生产或私自仿制及使用。

黑色涂装的 RPK 轻机枪

10 秒速识

RPK 枪托、护木和握把采用树脂合成材料，枪管改用加长重枪管，配备可折叠的两脚架；弹匣使用轻合金，枪托外形与捷格加廖夫 RPD 轻机枪的枪托相同，并为空降部队研制了折叠式木制枪托的 RPKS。

RPK 轻机枪后方特写

比利时 FN Minimi 轻机枪

FN Minimi 是 FN 公司在 20 世纪 70 年代研发的轻机枪。

研发历史

20 世纪 70 年代初期，北约各国的主流通用机枪发射 7.62×51 毫米 NATO 枪弹。FN 公司设计 FN Minimi 轻机枪时，原本也打算发射这种枪弹。但为了推广本公司新研发的 5.56×45 毫米 SS109 弹药，使其成为新一代北约制式弹药，所以

基本参数	
口径	5.56 毫米
空枪重量	7.1 千克
全长	1038 毫米
枪管长	465 毫米
枪口初速	922 米／秒
有效射程	1000 米
弹容量	20/30/100 发

在加入美国陆军举行的班用自动武器评选 (SAW) 时，将 FN Minimi 轻机枪改为发射 5.56×45 毫米 SS109 弹药。

参与展出的 FN Minimi 轻机枪

枪体构造

FN Minimi 轻机枪采用开膛待击的方式，增强了枪膛的散热性能，有

效防止枪弹自燃。导气箍上有一个旋转式气体调节器，并有三个位置可调：一个为正常使用，可以限制射速，以免弹药消耗量过大；一个位置为在复杂气象条件下使用，通过加大导气管内的气流量，减少故障率，但射速会增高；还有一个是发射枪榴弹时用。

FN Minimi 采用 5.56 x 45 毫米子弹所制的可散式金属弹链或北约标准 (STANAG) 的 20/30 发弹匣供弹，弹链从机匣左面的弹链供弹口进入时，在弹链供弹口下面的弹匣供弹口活门会封闭以防止错误操作，而当采用弹匣时需手动打开活门。

FN Minimi 轻机枪局部特写

性能解析

由于采用小口径弹药，FN Minimi 的重量比 7.62×51 毫米口径的通用机枪轻得多，总重量为 7.1 千克，可靠性较高，也更适合作班用支援武器，是各国为其班兵以小口径轻机枪取代通用机枪的原因。

FN Minimi 轻机枪及配件

衍生型号

型 号	特 点
XM249	5.56×45 毫米 Minimi 轻机枪
M249 伞兵型	伞兵型 Minimi 轻机枪
M249 特种用途武器	Minimi SPW(Special Purpose Weapon) 轻机枪
Mk 48 Mod 0	7.62×51 毫米口径 Minimi 通用机枪
Mk 48 Mod 1	Mk 48 Mod 0 通用机枪改良型

服役记录

比利时陆军及空军的正规部队装备了标准型 Minimi，伞兵部队采用伞兵型 Minimi。1980 年 5 月以 T9 的测试名称胜出评选后，美国陆军及海军陆战队在 1982 年 2 月 1 日正式装备 5.56×45 毫米口径的改良过 Minimi 并命名为 M249 班用自动武器。

10 秒速识

FN Minimi 在枪托下装有折合式两脚架，配有可快速更换及自动归零的长或短重枪管。

搭在两脚架上的 FN Minimi 轻机枪

以色列 Negev 轻机枪

Negev(一般音译为 "内盖夫") 是以色列国防军的制式多用途轻机枪。

研发历史

1990 年，以色列的军队，包括徒步士兵、车辆、飞机和船舶装备的机枪是 FN MAG58。虽然该机枪的通用性极好，但作为单兵器来说，该枪还是显得太笨重，不便于士兵的携带。因此，以色列国防军需要寻找一种新型的便于携带的轻机枪，来增强步兵分队的压制火力。

基本参数	
口径	5.56 毫米
空枪重量	7.5 千克
全长	1020 毫米
枪管长	460 毫米
枪口初速	950 米／秒
有效射程	1000 米
弹容量	35/50 发

按照军方的要求，以色列军事工业公司为他们打造了一款新型的轻机枪——Negev 轻机枪。Negev 轻机枪与 FN Minimi 机枪在性能上相差无几，并且在 1990 年以色列就已经装备了少量的 FN Minimi 机枪。相对于 Negev 轻机枪来说，FN Minimi 机枪的优势就在于经历过实战检验，而且价格便宜。但是后来 FN Minimi 机枪因没有得到适当的维护，导致性能下降，所以在以色列国防军中的声誉开始有所下滑；另一方面，以色列军事工业公司通过政治手段向军方施压，要求军方 "支持国产" ，因此以色列国防军才最终决定采购比 FN Minimi 价格高的 "国产货" Negev 轻机枪。

Negev 轻机枪左侧方特写

枪体构造

Negev 轻机枪采用导气式工作原理，枪机回转闭锁方式，开膛待击，能够使用弹链或弹匣两种方式供弹。Negev 机枪可以迅速分解成6个大部件，柱形准星和觇孔照门都可调整高低与风偏，并带有氚光照明的折叠夜视瞄准具，类似于 Galil 步枪上的机械瞄准具。

性能解析

除了作为单兵携行的轻机枪外，以色列军事工业公司还为 Negev 机枪提供了车辆、飞机和船舶上的专用射架，使 Negev 成为一种多用途武器。但是由于预算的原因，以色列国防军目前仍在使用 MAG58 作为坦克、装甲车、直升机、舰艇等各种平台上的火力支援武器，因此 Negev 主要还是装备步兵分队。

服役记录

目前，标准型的 Negev 被常规部队和特种部队使用，而突击型只配备到少数特种部队。然而，沙漠战场上的战斗环境通常都比较开阔，而较长的枪管在远射程上的精度更高，因此即使在特种部队中最常用的还是 Negev 标准型。不过目前还有数量极少的一些 Minimi 伞兵型仍被以色列特种部队使用。

Neger 轻机枪及弹链

10 秒速识

Negev 轻机枪使用的枪托可折叠存放或展开，枪管装备有一个瞄准装置安装基座。Negev 的枪管上设计有整体式的 AIM1/D 安装基座，但短枪管的 Negev 突击型则没有这个基座。另外现在这两种 Negev 的型号都能配备 M1913 皮卡汀尼导轨。

Negev 轻机枪前侧方特写

瑞士富雷尔 M25 轻机枪

富雷尔 M25 轻机枪是二战期间瑞士军队的制式武器，号称保卫阿尔卑斯山的秘密武器。

研发历史

瑞士轻武器工厂的负责人阿道夫·富雷尔对武器颇有研究，他认为设计轻机枪必须要利用后座缓冲装置来提高射击精准度。另一方面，瑞士是个多山的国家，研制一种既能持续射击，又能保持射击精

基本参数	
口径	7.5 毫米
空枪重量	8.65 千克
全长	1163 毫米
枪管长	585 毫米
射速	450 发 / 分
有效程	800 米
弹容量	30 发

准度的武器是非常必要的。随后，阿道夫·富雷尔带着这样的设计理念，最终设计出了一款适合瑞士本土作战的新型轻机枪——富雷尔 M25 轻机枪。

枪体构造

富雷尔 M25 轻机枪采用枪管短后座式自动方式，而没有像当时的很多机枪那样采用导气式自动方式，因此降低了机件间的猛烈碰撞，使得抵肩射击变得容易控制，从而提高了射击精度。

富雷尔 M25 轻机枪最重要的设计特点就是采用了肘节式闭锁机构，这一结构参考了马克沁机枪的肘节式闭锁结构，并在其上做了改进。枪弹被击发后，枪管、枪管节套和枪机闭锁在一起后坐 (枪管节套后坐时，压缩复进簧)，后坐一小段距离后，后方的连杆摆动，带动中间的连杆摆动，中间连杆前端的突起沿着枪管节套上的曲线槽滑动，从而带动前方的连杆摆动，使枪机加速向后，枪机开锁，枪机上的抽壳钩将弹膛内的空弹壳抽出。枪机继续向后运动，击针回缩到枪机体内。弹壳撞到抛壳挺通过抛壳窗抛出。

富雷尔 M25 轻机枪后侧方特写

性能解析

瑞士军队对富雷尔 M25 轻机枪非常喜爱，主要原因就是这款机枪具有极高的射击精度。对于机枪来讲，连发时的射击精度不高是这类武器所共有的致命弱点，这种结构上的缺憾，不仅旧式机枪存在，即便是现代机枪，也仍然存在。而富雷尔 M25 轻机枪同时具有火力持续能力和较高的射击精度，因此对敌方构成了极大威胁，同时由于它的机动性好，在瑞士的阿尔卑斯山区尤其适用。

富雷尔 M25 轻机枪右侧方特写

服役记录

瑞士陆军上校松德雷格 (Colonel Sonderegger) 非常欣赏富雷尔 M25 轻机枪，在该枪研制期间，松德雷格始终关注其研制进程，直到完成所有调试、发射和寿命试验工作。截止到 1928 年，有 5150 支富雷尔 M25 轻机枪被送到瑞士军队。二战期间，富雷尔 M25 反坦克机枪和高射机枪成为瑞士保卫阿尔卑斯山最有效的武器之一。

10 秒速识

富雷尔 M25 机枪采用较长的枪管，握把采用单手握持的手枪握把。弹药箱尾板上有计数器，可以显示弹药箱内的余弹量。

搭在两脚架上的富雷尔 M25 轻机枪

德国 MG13 轻机枪

MG13 轻机枪是由 M1918 水冷式轻机枪改造而来，是德军在 20 世纪 30 年代的主要武器装备之一。

研发历史

一战结束后，因水冷式重机枪在战争中表现出极大的杀伤力，所以在《凡尔赛条约》中，明确规定了战败的德国不得制造和装备水冷式重机枪。20 世纪 30 年代，为了增强德军的作战能力，德国军工

基本参数	
口径	7.92 毫米
空枪重量	12 千克
全长	1148 毫米
枪管长	718 毫米
枪口初速	838 米／秒
最大射程	2000 米
弹容量	25/75 发

部门开始将大量的 M1918 水冷式轻机枪改造成气冷式轻机枪，最终研发出了外形和供弹系统都有较大变化的 MG13 轻机枪。

MG13 轻机枪及配件

枪体构造

MG13 轻机枪采用短冲程后坐作用式，双杠杆后闭锁系统，开火时把子弹弹出的反作用力令枪管节套和杠杆一起后退，从而令开锁斜面转动开锁，开锁后枪管令加速凸轮转动，加速凸轮又令枪机加速后退，从而退出弹壳，然后枪机又在复进簧的推动下前进，把下一发子弹上膛。

MG13 轻机枪分解图

性能解析

由于采用了风冷式枪管而比较轻便，MG13 可以由步兵手提射击或装在装甲车上作为车载机枪（例如：一号战车的武装即为两挺 MG13 机枪），也可以装在三脚架上作为防空机枪，故直至 1935 年仍是德军主要的武器之一。

装备有三脚架的 MG13 轻机枪

服役记录

　　MG13 于 1930 年装备德国国防军，但之后 MG13 于 1934 年开始逐步从步兵部队撤装封存，至 1938 年彻底停产。二战爆发后，封存的 MG13 机枪被重新启用，主要装备二线部队。

MG13 轻机枪右侧方特写

10 秒速识

MG13 的枪管被包藏在布满小洞的风冷枪管套中，此套备有把手，该枪使用机械瞄准具，配有弧形表尺，折叠式片状准星和 U 形缺口式照门。

MG13 轻机枪侧面特写

美国斯通纳 63 轻机枪

斯通纳 63 轻机枪是由尤金·斯通纳设计的，是美国海豹突击队的主要武器之一。

研发历史

1960 年，尤金·斯通纳加入卡迪拉克仪表公司后，开始研究一种新型武器。该武器的特点是采用一个通用机匣，通过更换不同的部件可在轻机枪和步枪之间进行转换。由于受到 M16 突击步枪（使用

基本参数	
口径	5.56 毫米
空枪重量	5.3 千克
全长	1022 毫米
枪管长	508 毫米
枪口初速	991 米 / 秒
有效射程	1000 米
弹容量	30/100 发

M193步枪弹）成功的影响，卡迪拉克仪表公司决定让这种新型武器也发射M193步枪弹，于是斯通纳在1963年对新型武器做了一些改进，并命名为斯通纳63轻机枪。

搭在两脚架上的斯通纳63轻机枪

枪体构造

斯通纳63轻机枪采用活塞长行程式导气方式，枪机回转式闭锁，在机枪的导气箍有气体调节器。斯通纳63的枪管可在短时间内转换至不同型号。

斯通纳63轻机枪及配件

性能解析

斯通纳 63 轻机枪具有良好的可靠性和通用性，即便是在潮湿闷热的丛林仍可有效地运作，在海豹部队的使用下更成为高效能作战武器。

斯通纳 63 轻机枪及弹链

衍生型号

型　号	特　点
Stoner 63/63A 步枪	标准突击步枪型
Stoner 63/63A 卡宾枪	改用短枪管及折叠枪托
Stoner 63/63A 自动步枪	闭锁式枪机设计
Stoner 63/63A 轻机枪	采用开膛待机式设计
Stoner 63/63A 中型机枪	比轻机枪型更大型，但内部设计与轻机枪相同
Stoner 63/63A 固定式机枪	移除前后照门、护木、握把
Stoner 63/63A 突击型	衍生自轻机枪型
Stoner 63 救生步枪	救生自卫武器

图中第二把为 Stoner 63/63A 卡宾枪

服役记录

1970 年，美国陆军将突击型命名为 XM207 并装备部分美国陆军特种部队做试验，但因其设计复杂且维修较难（相对于 M16），美军在 1971 年终止了测试，但美国海军的船只上仍然可见，美国海军把这批斯通纳 63/63A 突击型轻机枪命名为 Mk 23 Mod 0。直至 1980 年斯通纳 63 系列被 M249 班用机枪全面取代。

斯通纳 63 轻机枪及弹药

10 秒速识

　　斯通纳 63 有特制的刺刀，名为 KCB70，具有长锯齿刀身和钢丝剪，比美军的 M7 刺刀更为高级，KCB70 后来改进成 KCB77 并成为多种突击步枪的专用刺刀。

斯通纳 63 轻机枪正反面特写

新加坡 Ultimax 100 轻机枪

　　Ultimax 100 轻机枪是由新加坡特许工业有限公司研发生产的新加坡制式武器之一。

服役记录

　　美国枪械设计师詹姆斯·沙利文是一个能力超群的人物，曾领导过包括斯通纳在内的许多著名的轻武器设计师，他所参与过的轻武器研究有著名的 M16 突击步枪。1978 年，詹姆斯·沙利文在新加

基本参数	
口径	5.56 毫米
空枪重量	4.9 千克
全长	1024 毫米
枪管长	508 毫米
枪口初速	970 米／秒
有效射程	460 米
弹容量	30/100 发

坡军方的委托下，与另一位设计师鲍伯·沃德菲尔德一起设计了一款轻机枪。1979 年 6 月，新加坡军方对该新型轻机枪进行了测试，随后，于 1981 年定型，并命名为 Ultimax 100。

Ultimax 100 轻机枪右侧方特写

枪体构造

Ultimax 100 轻机枪采用旋转式枪机闭锁系统，枪机前端附有微型闭锁突耳，只要产生些许旋转角度便可与枪管完成闭锁。该枪最特别之处是它采用恒定后座机匣运作原理，枪机后座行程大幅度加长，令射速和后坐力比其他轻机枪低，但射击精准度要高。

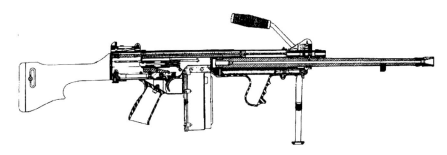

Ultimax 100 轻机枪示意图

性能解析

Ultimax 100 轻机枪的射击后坐力在同等级 5.56 毫米口径机枪是最低的，因此在射击时可以轻易保持枪支的稳定性，也可将其枪托拆下，在拆除枪托后仍可稳定射击，亦附有轻型两脚架。

Ultimax 100 轻机枪及配件

衍生型号

型　号	特　点
Ultimax 100 Mark 1	可快速更换枪管，未生产
Ultimax 100 Mark 2	第一种生产型，固定式枪管
Ultimax 100 Mark 3	可更换枪管，枪托、拉机柄、提把和前握把等都有改进
Ultimax 100 Mark 4	两根长重枪管、加装“全自动”“单发”“保险”的射击模式选择钮
Ultimax 100 Mark 5	Mark 4 的折叠枪托版本

Ultimax 100 Mark 5 轻机枪

服役记录

Ultimax 100 轻机枪由新加坡在 1982 年开发及制造，波斯尼亚、克罗地亚共和国、斐济、洪都拉斯、印度尼西亚、秘鲁等国亦有装备，亦曾被美国海军陆战队作步兵自动步枪 (Infantry Automatic Rifle，IAR) 计划招标测试。

Ultimax 100 轻机枪前侧方特写

10 秒速识

Ultimax 100 轻机枪采用射程可调窥孔式照门，枪管上的刺刀座通用所有对应 M16 的刺刀，Ultimax 100 以 60、100 发塑胶制专用弹鼓或 20、30 发弹匣供弹，其中弹鼓后半面呈半透明。

Ultimax 100 轻机枪局部特写

第7章
通用机枪

作为步兵的重要武器装备，通用机枪一直为大多数国家以轻机枪状态装备使用，枪架作为附件编配。它既具有重机枪射程远、威力大，连续射击时间长的优势，又兼备轻机枪携带方便、使用灵活，紧随步兵实施行进间火力支援的优点的一种机枪，是机枪家族中的后起之秀。

美国 M60 通用机枪

M60 是美国斯普林菲尔德兵工厂研制开发的通用机枪。

研发历史

二战结束后，美国从战场上缴获了大量的德军枪械，使美国春天兵工厂从这些枪械中汲取了不少的设计经验。在参考 FG42 伞兵步枪和 MG42 通用机枪的部分设计之后，再结合桥梁工具与铸模公司的 T52 计划和通用汽车公司的 T161 计划，

基本参数	
口径	7.62 毫米
空枪重量	12 千克
全长	1077 毫米
枪管长	560 毫米
枪口初速	853 米 / 秒
有效射程	1100 米
供弹方式	M13 弹链

产生了全新的 T161E3 机枪 (T 为美军武器试验代号)。1957 年，T161E3 机枪在改进后正式命名为 M60 通用机枪，用以取代老旧的 M1917 及 M1919 重机枪。

参与展出的 M60 通用机枪

枪体构造

　　M60 通用机枪采用了导气式工作原理，枪机回转闭锁方式。它的导气装置采用了自动切断火药气体流入的办法来控制作用于活塞的火药气体能量。枪管下的导气筒内有一个凹形活塞，平时凹形活塞侧壁上的导气孔正对枪管上的导气孔。当火药气体进入导气筒内以后，在凹形活塞的导气筒前部的气室中膨胀，在火药气体压力达到一定程度的时候，推动凹形活塞向后运动，活塞又推动与枪机框相连的活塞杆向后运动。活塞向后移动时，会关闭侧壁上的导气孔，自动切断火药气体的流入。

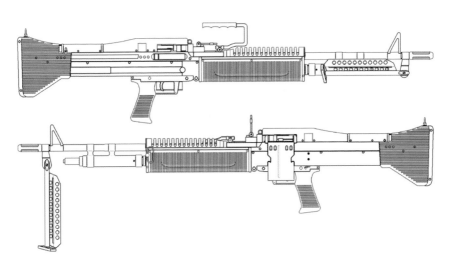

M60 通用机枪示意图

性能解析

　　M60 通用机枪具有质量小、结构紧凑、火力猛、精度好、用途广泛等特点，总体来说性能还算优秀，但也有一些设计上的缺点，例如早期型M60 的机匣进弹有问题，需要托平弹链才能正常射击。而且该枪的重量较大，不利于士兵携行，射速也相对较低，在压制敌人火力点的时候有点力不从心。

衍生型号

型 号	特 点
T161	未正式定名的 M60 初型
M60E1	第一个改进版本
M60E2	保留主要枪机及加长枪管，改为电子控制击发系统
M60B	直升机上以人手操作的航空机枪版本
M60C	用于美军直升机武器子系统
M60D	以人手操作亦可对应直升机武器系统
M60E3	大量改进及轻量化，但没有正式采用及大量生产
M60E4	1994 年的改进型号
M60E6	用来全面取代 MG3 通用机枪

M60E6 通用机枪

服役记录

　　M60 通用机枪是美军的制式机枪，作为支援及火力压制武器，为各西方国家的机枪发展史奠定了基础。由于火力持久而颇受美军士兵爱戴，但随着多种相同功用机枪的出现及轻兵器小口径化，M60 的设计已显得过时，除部分特种部队外，美军以 M240 作取代，而 M60B/C/D 车载型及航空机枪则仍旧使用。

10 秒速识

　　M60 通用机枪的枪管首次采用了衬套式结构，在弹膛前面有 152.4 毫米长的钨铬钴合金衬套，枪机组件由机体、击针、枪机滚轮、拉壳钩、顶塞等部分组成，机体前有两个闭锁卡笋，机体底部有曲线槽，与枪机框导突榫扣合。

搭在两脚架上的 M60 通用机枪

德国 MG3 通用机枪

MG3 是德国莱茵金属公司所生产的弹链供弹通用机枪。

研发历史

二战结束后，德国在 MG42 通用机枪的基础上研发了 MG1 通用机枪，并于 1959 年开始生产。随后，德国枪械设计师对 MG1 通用机枪进行了改良，并命名为 MG2 通用机枪。1968 年，设计师又在 MG2 通用机枪的基础上做了少许改进，并命名为 MG3 通用机枪。

基本参数	
口径	7.62 毫米
空枪重量	11.5 千克
全长	1225 毫米
枪管长	565 毫米
枪口初速	820 米／秒
有效射程	1200 米
弹容量	50/100 发

安装在战车上的 MG3 通用机枪

枪体构造

　　MG3 通用机枪采用枪管短后坐式工作原理，中间零件闭锁机构。射击时可借助枪口助推器加速枪管后坐。开闭锁利用枪机内的闭锁滚柱闭合或撑开来实现。当枪管和枪机后坐时，机匣上的定形板开锁斜面迫使闭锁滚柱向内靠拢，此时，滚柱挤压枪机内楔铁前部，使机体加速后坐，直到滚柱两端脱离闭锁支承面，实现枪机开锁。闭锁时，当机头进入节套、即将复进到位时，楔铁前部斜面使滚柱向外运动进入节套内的闭锁槽内，实现闭锁。

MG3 通用机枪的滚轴式闭锁枪机系统

性能解析

MG3 通用机枪动作可靠，火力猛，在结构上广泛采用冲压件和点焊、点铆工艺，生产工艺简单，成本低。

装有弹鼓的 MG3 通用机枪

衍生型号

型　号	特　点
MG3E	MG3 减重改良型
MG3A1	车用固定版本

服役记录

MG3 通用机枪至今仍然是现代德国部队装甲战斗车辆及其他军用车辆的主要副武器，如豹 2 型坦克、PzH 2000 等，同时也是步兵的班用机枪。

MG3 通用机枪及子弹

10 秒速识

MG3 的枪托以聚合物料制造，护木下方装有两脚架及采用射程可调的开放式照门，机匣顶部亦有一个防空用的照门。当加装三脚架作阵地固定式机枪时，会加装一个机枪用望远式瞄准镜作长程瞄准用途。

MG3 通用机枪后侧方特写

德国 MG42 通用机枪

MG42 是德国于 20 世纪 30 年代研制的通用机枪，是二战中最著名的机枪之一。

研发历史

MG34 通用机枪装备德军后，因其在实战中表现出较好的可靠性，很快得到了德国军方的肯定，从此成为德国步兵的火力支柱。MG34 有一个比较严重的缺点，即结构复杂，而复杂的结构直接导致制造工艺的复杂，因此不能大批量的生产。

基本参数	
口径	7.92 毫米
空枪重量	11.57 千克
全长	1120 毫米
枪管长	533 毫米
枪口初速	755 米／秒
有效射程	1000 米
弹容量	250 发

鉴于此，德军一直要求武器研制部门对 MG34 进行改进。德国设计师针格鲁诺夫对 MG34 进行了多项重要的改进，最终发展成了 MG42 通用机枪。

MG42 通用机枪后方特写

枪体构造

　　MG42 通用机枪采用枪管短后坐式工作原理，滚柱撑开式闭锁机构，击针式击发机构。当射手扣下扳机后，扳机以杠杆原理解除阻铁，枪机就被复进簧释出，迅速向前滑动同时将弹匣或弹链上的子弹送入药室，等到枪机达到闭锁定位时，原来被压抑的击槌就跟上来击打枪机的撞针部位完成击发的程序（开敞式枪机如果没有自由浮动式撞针，枪机就等于是自行击打撞针）。开放式枪机在闭锁时就等同击发，比起闭锁式枪机先闭锁后击发少一个程序，可以提升射速。

MG42 通用机枪前侧方特写

性能解析

　　MG42 是二战中射速最快 (1200 发 / 分钟，平均 20/ 秒) 的机枪，可靠性和压制能力极高。换枪管非常方便，只需要几秒钟时间。但是 MG42 耗弹量极大，机枪手往往连续扫射 5 秒钟 125 发子弹就打光了，所以，德军不得不养成点射的习惯，来节省弹药。

衍生型号

型　号	特　点
MG45	MG42V，延迟反冲枪机
MG3	子弹改为 7.62 毫米北约口径作生产的版本
MG74	暗绿色聚合物材质，采用 7.62 毫米北约子弹

MG74 通用机枪

服役记录

　　除了各国陆军地面部队以及部分地区的民兵仍旧使用 MG42 与其衍生型机枪之外，其设计的重点也被东欧国家所采用；匈牙利采用 MG42 的设计研发成坦克用机枪，苏联则研发成 7.62 毫米 GShak 战机空用机枪，但是由于 MG42 本身可变换枪管，性能仍旧优于东欧生产的机枪。

10 秒速识

　　MG42 的枪机包括一个枪机头、一对滚轴，一个击槌套、枪机槽，以及一个粗大的复进簧。该枪采用机械瞄准具，瞄准具由弧形表尺和准星组成，准星与照门均可折叠，在照片中用的是常规瞄具，在左侧可见有测试曳光弹或根据射程调整的加长针形瞄具。

MG42 通用机枪局部特写

德国 MG34 通用机枪

MG34 通用机枪是 20 世纪 30 年代德军步兵的主要机枪，也是其坦克及车辆的主要防空武器。

研发历史

MG34 通用机枪由海因里希·沃尔默设计，是以 MG30 轻机枪为基础改良而来，沃尔默将 MG30 弹匣供弹改为弹链供弹，加入枪管套，并综合了许多老式机枪的特点。该枪是世界上第一种大批量

基本参数	
口径	7.92 毫米
空枪重量	12.1 千克
全长	1219 毫米
枪管长	627 毫米
枪口初速	755 米／秒
有效射程	1000 米
弹容量	250 发

生产的现代通用机枪，既可作为轻机枪使用，也可作为重机枪使用。二战中，德国还生产了许多MG34通用机枪的改良型机枪，如MG34S和MG34/41通用机枪等。

枪体构造

MG34通用机枪采用枪管短后坐式工作原理，有膛口助退器和消焰器；闭锁机构为枪机头回转式，开锁时通过枪机头上两侧滚轮与枪管节套开锁加速凸轮凹槽相互作用加速枪机体后坐；供弹机构有弹链和鞍形弹鼓供弹两种方式。击发机构为利用击发簧能量击发的击针式击发，发射机构具有单发和连发功能，扣压扳机上凹槽时为单发射击，扣压扳机下凹槽或用两个手指扣压扳机时为连发射击。

MG34通用机枪扳机特写

性能解析

MG34是世界上第一种通用机枪。作轻机枪使用时两脚架固定在机枪枪管套筒前箍上；作重机枪使用时，机枪安装在轻型（铝制）高射三脚架或高射双联托架式枪座以及折叠式高射支柱上，也可固定在专用高射支柱上。由于射速高，枪管较易过热，也较易出现故障。

保存在博物馆内的 MG34 通用机枪

衍生型号

型　号	特　点
MG34/41	基于二战早期的意见作出修改
MG34-T	坦克及军用车辆的同轴及车顶机枪型号
MG81	空用机枪衍生型

MG34 通用机枪前侧方特写

服役记录

　　MG34 是 1930 年德军步兵的主要机枪，亦是其坦克及车辆等的主要防空武器。曾在二战，苏德战争，法越战争等诸多战争中参战。

MG34 通用机枪左侧方特写

MG34 通用机枪及弹链

俄罗斯 PK/PKM 通用机枪

PK/PKM 是由 AK-47 突击步枪的设计者米哈伊尔·季莫费耶维奇·卡拉什尼科夫在 1960 年所设计的通用机枪。

研发历史

20 世纪 50 年代初，苏联枪械设计师尼克金和沙科洛夫设计了一种弹链式供弹的 7.62 毫米口径机枪——尼克金 – 沙科洛夫机枪。与此同时，另外一个枪械师卡拉什尼科夫也在进行着相同的工作，他的设计是 PK 通用机枪。1961 年，苏联

基本参数	
口径	7.62 毫米
空枪重量	8.99 千克
全长	1173 毫米
枪管长	658 毫米
枪口初速	825 米／秒
有效射程	1000 米
弹容量	100/200/250 发

军队对他们各自的产品做了对比试验后，最终采用了表现更为可靠、生产成本较低的 PK 通用机枪。

1969 年，卡拉什尼科夫推出了 PK 通用机枪的改进型，称为 PKM 通用机枪。

PK/PKM 通用机枪右侧方特写

枪体构造

　　原型的 PK 通用机枪是由 AK-47 自动步枪气动系统及旋转式枪机闭锁系统的基础改进而成，发射莫辛 - 纳甘步枪及 SVD 狙击步枪的 7.62 × 54 毫米 R 旧型凸缘弹药，其后推出的改进版本，将枪支尽量减重，并将枪管厚度减少，命名为 PKM。

　　由于是开锁待击，因此 PK/PKM 的击针是半固定在枪机框上，击针可以从枪机上分离出来，但当机头在机框导轨引导下旋转向前时，击针会锁定在机框上，当机头闭锁后就会打击底火。PK/PKM 的机框也是与 AK 的相似，只是旋转方向相反，比较大比较重，而且形状稍为复杂一点。PK/PKM 也是长行程导气活塞式，而且导气活塞也是通过连杆与机框相连，并与机框一起运动。

PK/PKM 通用机枪及配件

性能解析

　　PK/PKM 通用机枪的设计除可用作一般射击有生目标外，亦可作防空机枪用途。PK 系列有多种型号，可以完成不同的功能。

搭在两脚架上的 PK/PKM 通用机枪

衍生型号

型 号	特 点
PKM	改进了枪管及枪托底板
PKS ／ PKMS	PKS 装在三脚架的 PK 通用机枪版本，PKMS 是用 PKM 机匣的改进版本
PKB ／ PKMB	PKB 是装在装甲车上的版本，在枪机容纳部后端装上握柄，PKMB 是用 PKM 机匣的改进版本
PKT ／ PKMT	PKT 是将 PK 机枪改装成坦克炮塔内的同轴机枪，移除了枪托、改为长重特殊枪管，加装抽气系统、螺线圈及电子控制扳机。PKMT 是用 PKM 机匣的改进版本

PKS / PKMS 通用机枪

服役记录

在冷战时期，PK/PKM 系列通用机枪广泛分布到世界各地，并在许多地区冲突中使用。PK 系列机枪也被许多俄罗斯以外的国家生产，如：保加利亚、匈牙利、罗马尼亚和波兰和等。

PK/PKM 通用机枪右侧方特写

10 秒速识

PK 系列对其进行黑色烘焙珐琅的表面处理，有一些是烤蓝或表面磷化处理。机匣是用 1.5 毫米钢板冲压成 U 形，用铆接和点焊装配而成。机匣顶盖也是用钢板冲压成形，在机匣前方用铰链固定，在机匣后方通过一个弹簧锁固定。抛壳挺与 AK 类似，也是通过铆钉固定在机匣内。PK 的抛壳口在机匣左侧，有一个用弹簧销定位的防尘盖。

俄罗斯 Pecheneg 通用机枪

Pecheneg 是由俄罗斯联邦工业设计局研发设计的通用机枪。

研发历史

Pecheneg 通用机枪可以算作 PKM 通用机枪的一种改进型，有 80％ 的零件可以通用，但它的设计以至生产只是为了作为机动步兵和俄罗斯特种部队的一挺真正的班用型轻机枪。此枪之名"Pecheneg"是来自佩切涅格人，一个起源及居住在位于现在的南俄罗斯和乌克兰草原的一个好战西突厥分支部落。

基本参数	
口径	7.62 毫米
空枪重量	8.7 千克
全长	1155 毫米
枪管长	658 毫米
枪口初速	825 米／秒
有效射程	1500 米
弹容量	100/200/250 发

Pecheneg 通用机枪右侧方特写

枪体构造

Pecheneg 通用机枪最主要的改进是强制气冷的新枪管，但不能像大多数现代通用机枪那样进行迅速更换。新枪管表面纵向散热开槽，并包裹有金属衬套。在射击时，枪口发出的火药气体会产生引射作用，使衬套内的空气向前方流动，从而直到冷却枪管的作用。另一个改进是其内置的不可拆卸而可折叠式两脚架，它安置在靠近枪口的位置。据说这是为了在利用两脚架射击的时候，提高稳定性和远距离射击精度，但它也限制了两脚架或射手在不离开原来的位置以下可以进行射击的弧度。

性能解析

Pecheneg 通用机枪可以提供比标准制式的 5.45×39 毫米 R(M74) 口

径 RPK-74 轻机枪更持续的火力，而 7.62×54 毫米 R 全威力步枪子弹亦能够在城市和森林环境之中达到比中间型威力步枪子弹和小口径步枪子弹较长的有效射程和对轻型结构物和简易覆盖物有更好的贯穿力。

Pecheneg 通用机枪上方视角

衍生型号

型　号	特　点
Pecheneg 2	目前正在研发中的改进型
Pecheneg 犊牛型	由泽尼特公司进行转换
Pecheneg-SP	2014 年，俄罗斯推出的 PKP 特种作战型

Pecheneg-SP 通用机枪

服役记录

Pecheneg 通用机枪目前被俄罗斯空降军、俄罗斯联邦武装部队总参谋部情报局及各个执法机构的特种部队所采用。

10 秒速识

早期型版本的 Pecheneg 具有 PKM 的标准型枪口消焰器，但目前生产的版本具有一个特殊设计的枪口消焰器，Pecheneg 与 PKM 的另外几点区别是机匣顶部的固定提把和安置在枪口的两脚架。

比利时 FN MAG 通用机枪

FN MAG 是由比利时国营赫斯塔尔 (FN) 公司枪械设计师欧内斯特·费尔菲 (Ernest Vervier) 研制及生产的中型通用机枪。

研发历史

20 世纪 50 年代，比利时 FN 公司的设计师欧内斯特·费尔菲设计了一款新型的通用机枪——FN MAG 通用机枪 (MAG 即"导气式机枪")。FN MAG 通用机枪的设计借鉴了美国 M1918 轻机枪和德国 MG42 通用机枪，秉承它们的优点，同时也有所创新。

基本参数	
口径	7.62 毫米
空枪重量	11.79 千克
全长	1263 毫米
枪管长	487.5 毫米
枪口初速	825 ～ 840 米 / 秒
有效射程	600 米
供弹方式	M13 弹链

FN MAG 通用机枪前侧方特写

枪体构造

FN MAG 通用机枪的主要特点是采用双程供弹方式，内外拨弹齿交替起拨弹和阻弹作用，使弹链在枪机复进和后坐过程中各移动 1/2 链距。FN MAG 使用点燃的火药气体，通过在枪管上的一个气导孔导流，推动导气活塞连杆连接到其闭锁组件（它采用了长行程活塞传动系统）。枪管后膛与垂直倾斜的闭锁杆起落式闭锁机构，通过一个铰接式接头以连接到枪机机框以实现闭锁。

FN MAG 采用了一系列其他枪械的成熟设计理念，例如闭锁机构是以美国 M1918 勃朗宁自动步枪为蓝本，只是闭锁杆起落式闭锁机构的闭锁部位有所改动；而弹链供弹机构中的双程供弹装置和扳机机构是从二战时期的德国 MG42 通用机枪改进而成。

性能解析

FN MAG 至今已有 60 多年的历史，具有战术使用广泛、射速可调、结构坚实、机构动作可靠、适于持续射击等优点。FN MAG 与俄罗斯 PK 系列一样是目前世界上最流行的通用机枪之一，在全球各地的武装冲突中被广泛使用。

衍生型号

型 号	特 点
MAG 60-20	标准的步兵型
MAG 60-30	固定安装的航空机枪型
MAG 60-40	装甲战斗车辆炮塔的同轴机枪
MAG 10-10	装上短枪管及枪托的丛林型

MAG 60-20 通用机枪

服役记录

    FN MAG 目前仍旧装备于至少 75 个国家，其中包括英国、美国、加拿大、比利时、以色列、瑞典等，总数达 15 万挺以上。现在新西兰国防军使用的 FN MAG 同时作为步兵轻机枪用途、一挺装在 LOV 和 UH–1H 上的灵活安装机枪以及作为一挺重型持续火力机枪。

以色列装备的 FN MAG 通用机枪

10 秒速识

    FN MAG 的机匣结构与勃朗宁机枪相似，为长方形冲铆件机匣，而且机匣内部、表面均采用表面镀铬处理。枪管与枪管节套是以断隔螺纹连接的，节套外表面具有与机匣结合的断隔螺。

FN MAG 通用机枪左侧方特写

法国 AAT-52 通用机枪

AAT-52 是由法国自二战后制造的第一挺通用机枪，主要是由圣 – 艾蒂安兵工厂 (MAS) 生产。

研发历史

越法战争时期，法国军队装备的武器，除了从英国和美国购买之外，就是一些二战时期缴获的德国武器。这导致了法国军队在战场上弹药和武器配用非常的混乱，于是法军决定要装备一款新型制式通

基本参数	
口径	7.5 毫米
空枪重量	10.6 千克
全长	1080 毫米
枪管长	600 毫米
枪口初速	840 米 / 秒
有效射程	1200 米
弹容量	200 发

用机枪。1952 年，法国圣 – 艾蒂安兵工厂根据军方要求设计了一款机枪，命名为 AAT–52 通用机枪 (也常常被称为 AA–52 通用机枪)。

枪体构造

AAT–52 通用机枪其内部的反冲式操作系统是以杠杆作为基础，此系统主要分为两部分——闭锁杠杆和闭锁槽。发射子弹时，在高压气体的压力推动下，闭锁杠杆会自动卡入机匣内部的闭锁槽内，使得枪机主体快速后坐。然后闭锁杠杆经过旋转后，与机匣的闭锁槽自动解脱。在经过一定的时间以后，击针会拉动枪机机头，然后自动抽弹壳、压缩复进簧，把弹壳排出、从弹链中抽出下一发子弹并送入膛室。因此后膛可以在没有完全闭锁下射击，这是 AAT–52 通用机枪较为特别的地方。

AAT-52 通用机枪上方视角

性能解析

AAT–52 通用机枪的特点是结构简单，生产方便，但美中不足的是重心太靠后，操作性能差。AAT–52 机枪更换枪管的方式并不理想。首先要向里按压枪管固定栓柄 (早期型号是向后拉)，然后顺时针转动木质提把并向前推，将枪管卸下。由于两脚架固定于枪管上，所以一旦取下枪管，枪的前端便失去支撑，射手只得用手去握持灼热的枪身。

衍生型号

型　号	特　点
NF—1	7.62×51 毫米 NATO 口径版本
MAC 58 重机枪	12.7×99 毫米 NATO(.50 BMG) 口径重机枪版本

服役记录

　　自 1950 年 AAT-52 在法国军队中服役以来，尽管它已被证明是一件优秀的武器，但由于还有一些缺陷，始终没有发现任何重要的大量出口国家，如果出口的话也会以重型机枪版本装于载具上。

10 秒速识

　　AAT-52 采用伸缩式枪托，拥有两种形式，基本型采用较短的轻型枪管及两脚架，当更换较长的重型枪管和安装在三脚架上则可成为重机枪。AAT-52 枪机由机头和机体两部分构成，机头比机体小得多，两者之间有一闭锁杠杆 (延迟杠杆)。

AAT-52 通用机枪右侧方特写

南非 SS77 通用机枪

　　SS77 是由南非利特尔顿工程公司 (现为维克多武器公司) 于 1977 年研制的通用机枪。

研发历史

　　SS77 通用机枪是南非利特尔顿工程公司 (现为维克多武器公司) 根据苏联的 PKM 机枪改进而来，1977 年，它由理查德·约瑟夫·史密斯 (Richard Joseph Smith) 和舍赖吉 (Soregi) 所设计，因此命

基本参数	
口径	7.62 毫米
空枪重量	9.6 千克
全长	1155 毫米
枪管长	550 毫米
射速	600～900 发／分
有效射程	1800 米
供弹方式	M13 弹链

名为 "SS–77"。"SS" 的意思是史密斯和舍赖吉，而 "77" 则是它的设计年份，1977 年。

　　SS77 于 1986 年装备南非国防军。虽然该枪知名度不如同时代的其他机枪，但大部分轻武器专家认为它是最好的通用机枪之一。

枪体构造

　　SS77 通用机枪采用导气式自动原理和通过枪机后端左右摇动与机匣闭锁、开锁的偏移式闭锁机构 (又称摇动式闭锁)。击发以后的火药燃气通过位于枪管下方的导气管，驱动活塞向后坐运动，活塞上的突柱进入闭锁块上凸轮槽，使闭锁块偏转，接着向后运动抛出空弹壳。在此期间，闭锁块顶部的突柱带动供弹机盖上的拨弹杆，将弹链输到半节；复进时，弹链再运动半节，闭锁块将子弹送进膛室。最后，活塞驱动闭锁块偏转进入机匣壁上的闭锁卡槽，然后活塞撞击击针击发子弹。

SS77 通用机枪及弹链

性能解析

SS77 通用机枪可安装在车辆或直升机上作为车／机载机枪使用，安装在载具上时，SS77 的枪托会更换为 D 型垂握把（又称作双铲型握把），安装在机匣后端的左右两侧。射击时按住位于两手柄中间的压杆式扳机即可。

搭在两脚架上的 SS77 通用机枪

衍生型号

型　号	特　点
SS77	发射 7.62×51 毫米北约口径制式步枪子弹
迷你 SS	发射 5.56×45 毫米北约口径制式步枪子弹

迷你 SS 通用机枪

服役记录

SS77 是南非国防军的制式通用机枪，同时也被哥伦比亚陆军、海军、海军陆战队和国家警察所使用。除此之外，SS77 服役的国家还有马来西亚、沙特阿拉伯及罗马尼亚等。

10 秒速识

SS77 通用机枪活动部件数量不多，只有活塞、枪机框、枪机和复进簧。供弹装置位于机匣盖里面，在该枪的右侧，装填拉柄和活动机件是分开的，其上裹有尼龙衬套。枪管结构和比利时的 MAG 机枪相似，气体调节器安装在导气箍上，此外，枪管后半部外部有纵槽。

保存在博物馆内的 SS77 通用机枪

参考文献

[1] 军情视点 . 狙击步枪图鉴 [M]. 北京：化学工业出版社，2016.

[2] 军情视点 . 经典枪械鉴赏指南 [M]. 北京：化学工业出版社，2017.

[3] [英] 约翰斯、[英] 怀特 . 简氏枪械鉴赏指南 [M]. 北京：人民邮电出版
社，2009.

[4] 军情视点 . 突击步枪图鉴 [M]. 北京：化学工业出版社，2016.